Cathy Hopkins
Beste Freundinnen
Die Flirt-Expertinnen

cbt

DIE AUTORIN

Cathy Hopkins hat in verschiedenen Berufen gearbeitet, bevor sie sich dem Schreiben zuwandte. Mittlerweile sind mehr als 20 Bücher von ihr erschienen. Cathy Hopkins lebt mit ihrem Mann Steve und ihren drei Katzen Barny, Maisie und Molly in London.

Foto: © Piccadilly Press

Weitere Informationen über Cathy Hopkins und ihre Bücher unter: www.cathyhopkins.com

Von Cathy Hopkins ist bei cbt erschienen:

Beste Freundinnen – Wonderbra wunderbar (30339)
Beste Freundinnen – Die Knutschkönigin (30440)
Beste Freundinnen – Die Zwillings-Zicken (30441)
Beste Freundinnen – Traumprinz bestellt (30443)
Beste Freundinnen – Die Bauchnabel-Babes (30444)
Beste Freundinnen – Die Drama-Queen (30263)
Beste Freundinnen – Zauberhafte Hexen (30264)
Wahrheit oder Pflicht – Notlügen und andere Wahrheiten (30233)
Wahrheit oder Pflicht – Lampenfieber und andere Gefühle (30236)
Wahrheit oder Pflicht – Zickencliquen und andere gute Freunde (30124)
Wahrheit oder Pflicht – Leinwandküsse und andere Komplikationen

Weitere Titel sind in Vorbereitung.

Cathy Hopkins

Beste Freundinnen
Die Flirt-Expertinnen

Aus dem Englischen von
Katarina Ganslandt

cbt

cbt – C. Bertelsmann Taschenbuch
Der Taschenbuchverlag für Jugendliche
Verlagsgruppe Random House

FSC
Mix
Produktgruppe aus vorbildlich
bewirtschafteten Wäldern und
anderen kontrollierten Herkünften

Zert.-Nr. SGS-COC-1940
www.fsc.org
© 1996 Forest Stewardship Council

Verlagsgruppe Random House FSC-DEU-0100
Das für dieses Buch verwendete
FSC-zertifizierte Papier *Munken Print*
liefert Arctic Paper Munkedals AB, Schweden.

1. Auflage
Neuausgabe als cbt Taschenbuch Februar 2008
Gesetzt nach den Regeln der Rechtschreibreform
Erstmals erschienen als cbt Taschenbuch Mai 2004
unter dem Titel »Beste Freundinnen – Charlie«
© 2002 der Originalausgabe Cathy Hopkins
Die englische Originalausgabe erschien unter dem Titel
»Mates, Dates & Sleepover Secrets«
bei Piccadilly Press Limited, London
© 2004 der deutschsprachigen Ausgabe
cbt/cbj, München
in der Verlagsgruppe Random House GmbH
Alle deutschsprachigen Rechte vorbehalten
Übersetzung: Katarina Ganslandt
Lektorat: Yvonne Hergane
Umschlagillustration: Sarah Kelly
Umschlagkonzeption: init.büro für gestaltung, Bielefeld
unter Verwendung der Gestaltung von Simon Davis
SE · Herstellung: CZ
Satz: Uhl+Massopust, Aalen
Druck und Bindung: GGP Media GmbH, Pößneck
ISBN 978-3-570-30442-6
Printed in Germany

www.cbj-verlag.de

Ein dickes Dankeschön geht an Brenda, Jude, Margot und die anderen Leute bei Piccadilly. Und an Rosemary Bromley. Und natürlich auch an Steve Lovering, der Charlie mittlerweile genauso gut kennt wie ich. Und an Phil Howard Jones, dessen schräge E-Mails mich zu Hannas Mail-Ergüssen inspiriert haben. Bei Steve Denham möchte ich mich für seine Tipps zum Thema Zeitschriften-Layout bedanken. Ach ja, und dann danke ich noch Richard Jeffrey (der kein Mad-Dad ist!) und Stephen Jeffrey, der mich nach Battersea ins Tierheim begleitet hat. Danke natürlich ganz besonders auch an das A-Team: Jenni Herzburg, Becca Crewe, Rachel Hopkins und Grace O'Malley. Und da das jetzt sowieso in eine Gwyneth-Paltrow-Oscar-Dankesrede ausartet, bedanke ich mich gleich auch noch bei Mum, Dad, dem Rest meiner Familie und bei allen Freunden, beim Briefträger, beim Milchmann, meinen Katzen und bei Gott.
(Ich hab doch hoffentlich keinen vergessen?)

1. Kapitel

Noola vom Planeten Zorg

»*So se-hen Sieger aus, so se-hen Sieeeger aus ...*«, grölte so ein Blödkopf vor dem Fenster der Umkleidekabine.

»Schon traurig«, sagte Melanie Jones, die sich gerade mit einer nach Erdbeeren duftenden Bodylotion die Beine eincremte. »Wir besiegen die Jungs drei Mal hintereinander, und kaum gewinnen sie *ein* Mal, werden sie gleich größenwahnsinnig.«

»Das kannst du laut sagen!« Ich bürstete meine Haare zurück, um mir einen Zopf zu flechten. »DAS HEUTE ...«, sagte ich dann absichtlich extralaut, damit es der Blödkopf draußen auch hörte, »war bloß ein kleiner Rückschlag in der Serie von Siegen, die unsere Supermannschaft noch holen wird.«

Meine Teamkolleginnen, die sich in verschiedenen Phasen des Aus- und Umziehens befanden, jubelten los. »Yeahhhhh!«

»Wir spielen euch doch voll gegen die Wand«, brüllte der Blödkopf.

Ich stopfte meine Klamotten in die Sporttasche und trat in die strahlende Junisonne hinaus, wo der Blödkopf stand. Aha. Es war Will Evans, der Torwart der Jungs.

»Redest du mit mir?«, fragte ich ihn.

Will versuchte sich vor mir aufzubauen, was schwierig war, weil ich 1,74 Meter groß bin und der Wurm mindestens zehn Zentimeter kleiner ist.

»Mit wem sonst?«, sagte er zu meiner Nase.

»Dann geb ich dir jetzt mal eine kostenlose Nachhilfestunde. Korrekt heißt es: ›Wir Mädchen spielen euch Jungs *an* die Wand.‹ Bitte schön, gern geschehen.«

Will lief knallrot an, und ein paar seiner Teamkollegen, die in der Nähe herumstanden, kicherten los.

Er streckte mir die Zunge raus.

Ich gähnte. »Uh, gleich krieg ich Angst!«

Die meisten anderen Mädchen waren inzwischen auch mit dem Umziehen fertig und strömten heraus, um zu sehen, was da los war. Es war jeden Samstag dasselbe. Nach dem Fußballmatch ging die Schlacht außerhalb des Spielfelds weiter. Zum Beispiel indem wir die Jungs mit Wasserballons bombardierten, die wir in der Umkleidekabine vorbereitet hatten.

Aber diesmal griff ich gleich nach meiner Tasche. Ich wollte nach Hause. In letzter Zeit machten mir die Kabbeleien nicht mehr so viel Spaß. Es musste doch noch andere Arten geben, mit Jungs in Kontakt zu kommen, außer sie nass zu spritzen.

Außerdem wurde ich zu Hause erwartet. Weil mein Dad so viel arbeitete, bestand er nämlich darauf, dass die Familie wenigstens an den Samstagen gemeinsam zu Mittag aß. Äh, hallo – welche Familie? Es war nämlich nicht so, als hätte ich noch hunderte von Geschwistern gehabt. Meine Schwester Marie war sechsundzwanzig und wohnte schon seit Urzeiten in Southampton, und mein einundzwanzigjähriger Bruder Paul war zum Studieren nach Bristol gezogen.

»Hey, Watts!«, rief Will mir hinterher.

Ich drehte mich um. »Ich heiße Charlie«, zischte ich.

»*Charlie?* Warum nicht gleich John oder Bertie?«, frotzelte Mark, der auch bei den Jungs mitspielt. »Was soll das denn für ein Name sein?«

Ich suchte fieberhaft nach einer originellen Antwort. »Es ist mein Name«, sagte ich schließlich, weil mir nichts Besseres einfiel.

Die Wahrheit konnte ich nicht sagen, wenn ich nicht für alle Ewigkeit verarscht werden wollte. Ich hieß nämlich *Charlotte* Watts, und das klang ja wohl voll langweilig nach Mädchen in rosa Prinzessinnenkleidchen. Paul hatte mich schon seit meiner frühesten Kindheit immer nur Charlie genannt und der Name war kleben geblieben. Ich war auch viel lieber Charlie als Charlotte. Die Idioten von der St. Joseph Highschool durften meinen wahren Namen aber nie erfahren, weil sie mich sonst natürlich nur noch Charlotte genannt hätten.

»Also gut, Charlie. Du und ich – da drüben.« Will zeigte auf einen der Picknicktische neben dem Spielfeld. »Armdrücken, okay?«

Da konnte ich schlecht widerstehen. Ich bin nämlich eine begnadete Armdrückerin.

Ich warf schnell einen Blick auf meine Armbanduhr. Dazu reichte die Zeit noch.

»Okay, Evans. Bestell dir schon mal einen Sarg.«

Wir setzten uns einander gegenüber an den Tisch, stützten den Ellbogen auf der Platte auf und packten uns bei den Händen. Um uns herum rottete sich eine kleine Zuschauerhorde zusammen.

»Auf die Plätze«, rief Mark. »Fertig. LOS!«

Ich spannte die Muskeln an.

»Charlie, Charlie!«, feuerten mich die Mädchen an.

»Wi-ill! Wi-ill! Wi-ill!«, übertönten die Jungs sie.

Dave, der Kapitän der Jungenmannschaft, kam zu uns rübergeschlendert. »Hey, Charlie. Da hinten wird dein Typ verlangt.«

»Netter Versuch«, murmelte ich, ohne aufzublicken. Als würde ich mich von so einem dämlichen Spruch aus dem Konzept bringen lassen. Obwohl – Dave sah echt süß aus, und ich hatte leider die dumme Angewohnheit, total ins Stottern zu geraten, sobald so ein Vertreter der Spezies männlicher Halbgott vor mir stand. Deshalb ignorierte ich ihn und konzentrierte mich nur darauf, Will unter Kontrolle zu halten. Ich spürte, wie er zu schwächeln begann. Unser Publikum johlte begeistert.

»Zeig's ihm, Charlie!«, feuerte mich eines der Mädchen an.

Mein Arm zitterte, und um ein Haar hätte Will mich nach unten gedrückt, aber dann nahm ich noch einmal all meine Kraft zusammen und – *wumm!* Wills Unterarm knallte auf die Tischplatte.

»*So seh-hen Siegerinnen aus ...*«, begannen die Mädchen sofort zu singen. »*So se-hen Siiiiiiegerinnen aus!*«

»Weiber!«, brummte Will nur, rieb sich das Handgelenk und ging zu seinem Fahrrad. »Aber das Spiel haben wir gewonnen, und nur das zählt.«

»Werd endlich erwachsen!«, rief ich und wandte mich zum Gehen.

Dave kam mir nach und legte mir eine Hand auf die Schulter. »Du, da hat echt einer nach dir gefragt«, sagte er.

Als ich mich umdrehte und ihm in die tiefblauen Augen schaute, wurde mir ganz flau im Magen.

»Das war kein Ablenkungsmanöver. Da drüben, siehst du?« Er zeigte hin. »Der Typ mit den langen dunklen Haaren und dem Ohrring.«

Am Zaun wartete mein Bruder Paul und winkte.

»*Nhijagnke*«, sagte ich. Dave sah mich verwundert an, aber ich zuckte nur frustriert die Achseln, drehte mich um und schlenderte zu Paul rüber. Es war zwecklos, Dave irgendwas erklären zu wollen. Er hätte sowieso nicht verstanden, dass jedes Mal eine Außerirdische namens Noola von meinen Stimmbändern Besitz ergriff, wenn ich vor einem hübschen Jungen stand. Noolas Wortschatz war ziemlich begrenzt. Meistens sagte sie nur *ahaohjnja* oder eben *nhijagnke,* was in ihrer Planetensprache wahrscheinlich so viel wie »ah ja« und »danke« bedeutete.

»Hey, Charlie!« Paul breitete die Arme aus.

»Hey!« Ich ließ mich umarmen.

»Ist der Typ nicht ein bisschen alt für dich?«, stichelte Will, der in diesem Moment an uns vorbeiradelte.

»Perverse Socke!«, rief ich ihm hinterher, hakte mich bei Paul unter und zog ihn mit mir davon. »Das ist kein Typ, das ist mein *Bruder!*«

Paul drehte sich grinsend nach Will um. »Was sich liebt, das neckt sich, was?«

»Quatsch!«

»Ach komm, mir kannst du's erzählen. Stehst du auf den Süßen?«

»Auf den Fruchtzwerg? Pfff«, gab ich zurück und wechselte dann das Thema. »Bleibst du heute zum Mittagessen?«

»Ja.« Paul fuhr sich seufzend durch die Haare. »Aber das Stimmungsbarometer zu Hause steht auf Sturm. Deshalb hab ich gedacht, ich setz mich eine Weile ab und komm dich abholen.«

»Ist *Mad-Dad* etwa immer noch sauer auf dich?«

Paul nickte. »Sauer ist gar kein Ausdruck. Er führt sich auf, als hätte ich jemanden umgebracht und nicht bloß das Studium geschmissen. Aber das kriegst du ja alles selber mit.«

Und wie ich es mitkriegte! Mum und ich mussten uns seit Tagen immer wieder dieselbe Leier anhören: Paul versaut sich systematisch sein Leben. So eine Chance kriegt Paul nie wieder, aber nein, er wirft sie einfach weg. Paul vergeudet seine Begabung. Wieso kann Paul nicht wie Marie sein? Er ist eben schon immer ein Träumer gewesen. Wir haben es ihm zu leicht gemacht. Was soll jetzt bloß aus ihm werden? Was haben wir nur falsch gemacht? Und so weiter und so weiter.

Mein Dad war nämlich Chefarzt in einer großen Klinik, Mum praktische Ärztin mit eigener Praxis, und meine Schwester war auch Ärztin geworden. Dads Plan sah vor, dass Paul die Familientradition fortführte. Nur dass er keine Lust hatte, Arzt zu werden. Er wollte lieber Musik machen. Trotzdem ließ er sich erst mal darauf ein, legte einen super Schulabschluss hin und studierte danach brav Medizin.

Jedenfalls ein Jahr lang. Bis er an einem Selbsterfahrungs-Wochenendseminar in London teilnahm, auf dem ihn quasi die »Erleuchtung« traf. Er schmiss das Studium hin, ließ sich die Haare wachsen, legte sich einen esoterischen Guru-Slang zu, fing an, sich mit alternativer Medizin zu beschäftigen, und lehnte jetzt so ungefähr alles ab, woran Dad glaubte. Tja.

Dad stinksauer.

Mum todtraurig.

Nur ich freute mich. Natürlich nicht darüber, dass er jetzt solchen Stress mit unseren Eltern hatte. Es tat mir echt Leid für ihn, dass er sich mit Dad rumstreiten musste. Nein, ich freute mich, weil Dad für mich natürlich auch schon eine Karriere als zukünftige Ärztin ins Auge gefasst hatte. Igitt, nein danke. Ich konnte kein Blut sehen. Ich wollte später mal Schriftstellerin werden, und jetzt hoffte ich, dass Dad – nachdem Paul mir so schön den Weg geebnet hatte – später nicht mehr ganz so geschockt wäre, wenn ich ihm gestehen würde, dass ich auch keine Lust hatte, Medizin zu studieren.

»Aber mal im Ernst, Charlie. Du scheinst eine Menge Fans zu haben.« Paul zeigte auf den Fußballplatz.

»Quatsch!« Ich winkte ab. »Jungs interessieren sich nicht für mich.«

»Ach? Dafür sahen die eben aber verdammt interessiert aus.«

»Doch nur, weil ich so gut im Armdrücken bin.« Ich grinste. »Ich musste denen doch zeigen, wer das starke Geschlecht ist. Wir haben das Match heute nämlich ausnahmsweise verloren.«

Paul sah mich an und seufzte. »Mensch, Charlie. Hallo! Wach auf und sieh den Hormonen ins Auge. Du bist mit Abstand die Hübscheste in eurer Mannschaft.«

»Ich und hübsch? Ja, klar. Geh mal zum Augenarzt.«

»Das sieht doch ein Blinder mit dem Krückstock.« Er zog mich am Zopf.

»Das sagst du doch nur, weil du mein Bruder bist.«

Er schüttelte den Kopf. »Mach dich nicht immer so schlecht. Du weißt doch selber, dass du toll aussiehst.«

»Jetzt hör endlich auf. Mich will keiner, selbst wenn ich Interesse hätte.«

»Hast du es denn mal bei einem versucht?«

Ich zuckte mit den Schultern. »Na ja, nee. Eigentlich nie so richtig, aber ... entweder stottere ich blöd rum oder ich werde voll oberlehrerinnenmäßig und fange an, ihre Grammatik zu korrigieren. Super, was? Klar, dass mir die Jungs da scharenweise nachrennen. Ach ja, oder ich schocke sie mit meinen übernatürlichen Kräften und mach sie beim Armdrücken zur Schnecke. Das finden sie natürlich auch ganz toll. Irgendwie schaffe ich es nie, normal und nett zu sein.«

Paul lächelte mich aufmunternd an. »Das kommt schon noch, Charlie«, sagte er sanft.

»Ja, aber *wann?* Die Mädchen in meiner Klasse haben alle schon wunde Lippen vom vielen Rumknutschen. Und ich? Ich krieg bloß wunde Schienbeine vom Fußballspielen. Es hat keinen Sinn. Hanna – ja, die konnte super mit Jungs. Die war bei allen total beliebt.«

Paul sah mich mitfühlend an. »Ach ja. Das mit Hanna tut mir Leid. Mum hat mir schon erzählt, dass sie weggezogen ist. Seit wann ist sie denn schon weg?«

»Seit zwei Wochen.« Ich spürte, wie mir Tränen in die Augen stiegen. Ich kam einfach nicht darüber hinweg, dass sie nicht mehr da war, aber ich wollte vor Paul nicht rumflennen wie ein Baby. Hanna war meine allerbeste Freundin und jetzt wohnte sie in Südafrika. Ja genau, Südafrika. Bisschen weit weg, um mal schnell in den Bus zu hüpfen und hinzufahren, wenn man jemanden zum Reden braucht. Ich fühlte mich total einsam ohne sie.

»Du findest bestimmt bald eine neue Freundin«, tröstete Paul mich.

Ahhhhhh! Den Satz hatte ich in letzter Zeit so oft gehört, dass er mir schon zu den Ohren rauskam. Ganz ehrlich – wäre Paul nicht mein Bruder gewesen, hätte ich ihm eine geknallt. Die Leute kapierten es einfach nicht. »*Du findest bestimmt bald eine neue Freundin.*« Ja klar, als könnte man in den nächsten Supermarkt marschieren und sich schnell mal eine kaufen.

»Ich will keine neue Freundin«, fauchte ich. »Ich will Hanna.« Ich wusste genau, dass ich nie mehr jemanden wie sie finden würde.

Hanna war einzigartig. Zum Totlachen. Der Spitzname *Mad-Dad* für meinen Vater stammte natürlich auch von ihr. Wenn wir beide unterwegs waren, merkten die Jungs gar nicht, dass es mir vor lauter Unsicherheit die Sprache verschlagen hatte – Hannas Gequassel reichte für uns beide. Ich konnte mich bequem hinter ihr verstecken, und niemand kam darauf, dass ich in Wirklichkeit nicht cool war, sondern aus Angst zum Eiszapfen erstarrt.

Als wir bei uns in die Straße einbogen, kam uns unser Nachbar Mr Kershaw entgegen, der seinen schwarzen Schäferhund Drule Gassi führte. Wobei eigentlich eher Drule *ihn* Gassi führte. Drule ist so kräftig, dass er den armen Mr Kershaw praktisch an der Leine hinter sich herschleifte.

»Er kann es kaum erwarten, in den Park zu kommen!«, sagte Mr Kershaw und lachte, während er von Drule ungeduldig weitergezogen wurde.

Ich hakte das Gartentor auf. Als ich gerade reinwollte, legte mir Paul eine Hand auf den Unterarm. »Hey, Sekunde noch, Charlie. Ich hab dich eigentlich abgeholt, weil ich noch was anderes mit dir besprechen wollte.«

»Was denn?«

Er trat nervös von einem Fuß auf den anderen, und da wusste ich, dass es mir nicht gefallen würde, was er zu sagen hatte.

2. Kapitel

Ein zweifelhaftes Kompliment

»Hey, Charlie!« Scott Harris stand oben in seinem Zimmer und beugte sich zum Fenster hinaus. »Warte mal kurz. Ich komm schnell runter.«

Bevor ich antworten konnte, hatte er den Kopf auch schon zurückgezogen und das Fenster zugeschlagen, also setzte ich mich vor unsere Haustür auf die Treppe und wartete. Scott hatte schon nebenan gewohnt, als wir hierher gezogen waren. Damals war ich sieben und er neun. Im Laufe der Zeit wurde er so eine Art Zweitbruder für mich. Vor kurzem hatte er die Frauenwelt für sich entdeckt, oder besser gesagt, die Frauenwelt hatte ihn entdeckt. Er sah aber auch popstarmäßig süß aus, und vor dem Haus lungerten ständig kichernde Mädchen rum, die darauf hofften, einen Blick auf ihn zu erhaschen. Scott erzählte mir immer lang und breit von seinen neuesten Eroberungen, und ich war mir sicher, dass es auch diesmal um irgendeine Tussi ging.

»Charlie«, rief meine Mutter von drinnen. »In fünf Minuten steht das Essen auf dem Tisch.«

»Ich komme gleich!«, antwortete ich. »Scott will noch was mit mir besprechen.«

Ehrlich gesagt, war ich froh, dass Scott runterkam, weil ich selbst dringend jemanden zum Reden brauchte. Vielleicht konnte er mich ja ein bisschen aufmuntern. Paul hatte mir nämlich gerade eröffnet, dass er mit seiner Freundin Saskia auf Weltreise gehen würde. Für ein oder vielleicht sogar zwei Jahre. Zuerst nach Goa in Indien, danach wahrscheinlich nach Australien und Tahiti. Vor zwei Wochen Hanna und jetzt Paul. Was war bloß los? Innerhalb von nur zehn Tagen verabschiedeten sich die zwei wichtigsten Menschen aus meinem Leben.

Scott bog um den Rhododendronbusch, der in unserem Vorgarten stand, und setzte sich neben mich. »Wo warst du denn?«

Ich öffnete den Mund, um »Fußball« zu sagen, aber er ließ mich gar nicht zu Wort kommen.

»Ich hab dich überall gesucht.«

»Das trifft sich gut«, sagte ich. »Ich muss nämlich auch mit dir reden.«

»Wieso? Worum geht's?«

»Ach, alles Mögliche«, sagte ich niedergeschlagen. »Du weißt doch, dass Paul sein Studium geschmissen hat... na ja, und jetzt will er auch noch eine Weltreise machen. Hanna ist ja auch nicht mehr da, und ich...«

»Echt? Cool.« Scott guckte auf seine Armbanduhr.

Äh, hallo? Nein. Nein, gar nicht cool. »Scott, hörst du mir überhaupt zu?«

»Doch, klar. Aber zuerst müsstest du mir bitte einen Gefallen tun.«

Ich seufzte. »Und zwar?«

»Heißes Date.« Scott grinste. »Ich bräuchte einen Fünfer. Nur kurzfristig. Nächste Woche hast du ihn wieder, da krieg ich Taschengeld.«

Mhmm, klar. Dasselbe hatte er schon vorige Woche gesagt, als ich ihm zwei Pfund geliehen hatte. Aber ich wollte nicht wie der hinterletzte Geizkragen dastehen. Und ich war mir sicher, dass ich das Geld wirklich irgendwann wiederbekommen würde.

Also wühlte ich in meiner Sporttasche nach dem Portmonee und nahm den Fünfer raus, den mir Mum am Morgen zugesteckt hatte.

»Danke«, sagte Scott. »Bist ein wahrer Kumpel.«

»Wer ist denn heute dein Opfer?«, erkundigte ich mich.

»Jessica Huxley. Die ist bei dir auf der Schule.«

Ich nickte. Ich kannte Jessica vom Sehen. Sie war aber auch schwer zu übersehen – und entsprach genau Scotts Beuteschema: ein Barbieklon mit langer Blondmähne.

»Ja, sie ist eine Klasse über mir. In der Zehnten. Aber ich wollte dir noch erzählen, dass Paul schon morgen nach Goa fliegt. Na ja, dann sind er und Hanna beide weg und ich hab niemanden...«

»Apropos Schule«, unterbrach Scott mich. »Kennst du zufällig eine Gina Williams?«

Ich nickte. »Klar. Die ist in meiner Klasse.«

Scott strahlte wie ein Lottosieger. »Wow! Echt? Perfekt. Diese Gina ist ja wohl eine Sechs-Sterne-Zuckerschnecke. Kannst du bei der mal ein gutes Wort für mich einlegen?«

Oh Mann! Für wen hielt der mich? Erst für seine persönliche Kreditanstalt und jetzt für eine Partnervermittlung oder was?

»Und was ist mit Jessica?«, fragte ich.

»Was soll mit der sein?«

»Na ja, wenn du jetzt mit ihr zusammen bist, passt es ihr bestimmt nicht, wenn du dich auch für Gina interessierst, oder?«

»Tja, was soll ich machen?« Scott breitete grinsend die Arme aus. »Es gibt nun mal viele, viele Mädchen und nur einen kleinen Scott.«

Erst klappte mir die Kinnlade runter, dann kapierte ich, dass das ein Witz sein sollte. Wenigstens hoffte ich es. Manchmal benahm sich Scott, als hielte er sich wirklich für Gottes Geschenk an die Frauen.

»Och, du Armer, du musst dich ja regelrecht in Stücke reißen, damit alle was von dir abbekommen.«

Scott lachte. »Weißt du, dass du echt cool bist, Charlie? Mit dir kann ich mich so locker unterhalten wie mit meinen Kumpels.«

»Danke.« Ich fühlte mich geschmeichelt. Mit mir konnte man sich also locker unterhalten? Vielleicht war das der Trick. Vielleicht sollte ich mich in Zukunft einfach aufs Zuhören verlegen, statt vor lauter Panik, nicht schlagfertig genug zu sein, ständig ins Stottern zu geraten. War ich etwa doch kein so hoffnungsloser Fall?

»Noch mal zurück zu Gina – wie ist sie denn so?«

Ohne nachzudenken sagte ich automatisch: »Gina? Total hohl.«

Ich fühlte mich sofort mies, weil ich sie eigentlich gar nicht gut genug kannte, um so ein Urteil über sie zu fällen. Ich wusste kaum mehr über sie, als dass sie das hübscheste Mädchen an unserer Schule war. Ich hatte mich noch nie richtig mit ihr unterhalten.

»Hohl ist okay.« Scott lachte. »Ich will ja nicht mit ihr *reden.*«

»Natürlich nicht.« Meine Laune sank. Wahrscheinlich war es doch kein Kompliment gewesen, als er gesagt hatte, dass man sich mit mir gut unterhalten könnte. Verdammt, ich blickte bei Jungs echt nicht durch. Rätselhafte Wesen.

»Wie wär's mit 'ner Runde Armdrücken?«, fragte ich.

Scott sah mich an, als hätte ich nicht mehr alle Latten im Zaun. »*Was?*«

»Arm... ach, vergiss es«, sagte ich, weil in diesem Moment auch schon Jessica mit ihren hochhackigen Riemchensandalen angestöckelt kam. »Deine Angebetete ist da.«

Jessica blieb am Tor stehen und guckte überrascht, als sie mich sah. Sie hatte ein bauchfreies weißes Top und weiße Jeans mit glitzernden Strasssteinchen am Saum an und sah verdammt gut aus.

»Hey!« Scott sprang auf und schlenderte auf sie zu. »Gut siehst du aus.«

Jessica guckte mich an, als wäre ich eine Nacktschnecke.

»Danke.« Sie zeigte mit dem Daumen auf mich. »Deine kleine Schwester?«

»Nachbarin«, erklärte Scott. »Ihr kennt euch doch aus der Schule, oder?«

Ich lächelte, aber Jessica verzog keine Miene. »Hm, ist mir bisher noch nicht aufgefallen.« Sie warf ihre Haare zurück und drehte sich um.

Scott zwinkerte mir zu. »Man sieht sich!« Er legte Jessica einen Arm um die Schultern, zog sie an sich und raunte ihr irgendwas ins Ohr.

Jessica kicherte und die beiden bummelten davon.

»Danke. Ich fand's auch nett, dich kennen zu lernen!«, rief ich ihnen hinterher.

Ich schüttelte den Kopf. Du kannst so eingebildet sein, wie du willst, Jessica Huxley, dachte ich. Ich weiß, dass Scott schon sein nächstes Opfer im Visier hat. In einer Woche (spätestens) bist du wieder Geschichte.

Ich blieb unglücklich auf der Treppe sitzen. Das war ja jetzt echt ein tolles Trostgespräch gewesen. Bald würde Paul weit, weit weg sein, und mit wem sollte ich dann reden? Scott konnte ich als Gesprächspartner ja wohl auch abhaken.

»Charlie!«, rief Mum. »Essen! Jetzt aber dalli!«

Als ich aufstand, kamen Mr Kershaw und Drule gerade wieder vom Park zurück. Mr Kershaw redete mit ernster Miene auf Drule ein, und der sah zu ihm auf, als würde er jedes Wort verstehen.

Hey, vielleicht war das die Lösung. Mum hatte mir schon lange ein Haustier versprochen. Vielleicht sollte ich mir einen Hund zulegen. Einen vierbeinigen kleinen Freund. Einen Freund, der garantiert nicht wegziehen würde.

Wieso hatte ich nicht schon früher daran gedacht?

Email: Postausgang (1)
Von: charliesangel@psnet.co.uk
An: hannabannanna@fastmail.com
Datum: 9. Juni
Betreff: London – düster und bewölkt :-(

Hi Hanna!

Ich vermiss dich sooooo.
Vorschlag: Hauen wir ab und ziehen nach L.A.? Ich schreib Drehbücher und du wirst Tänzerin, okay?
Tragische Sportmeldung: Wir haben das Match heute total versemmelt. Kein Wunder – seit du weg bist, fehlt unsere beste Spielerin. Wenn deine Eltern wüssten, welchen Schaden sie der englischen Fußballnation zugefügt haben, als sie dich nach Südafrika verschleppt haben!
Paul haut übrigens auch ab. Nach Goa. Mit Saskia.
Bu. Buhu. Buhubäääää. Alle Menschen, die ich lieb hab, verlassen mich.
Mad-Dad springt rum wie Rumpelstilzchen. Kann ich was dafür, dass Paul nicht Arzt werden will, sondern Hippie-Bassist?
Klima zu Hause: Gewitterfront mit Donner und Blitz.

Gute Sportmeldung: Hab den Blödkopf Evans beim Armdrücken besiegt. Harharhar.
Ich krieg einen Hund! Mum hat's mir erlaubt. Du solltest dir auch einen zulegen, der hilft dir über die Einsamkeit hinweg, bis du dich in der neuen Schule eingewöhnt hast. Du weißt schon: der Hund, des Menschen bester Freund und so. Nächstes Wochenende fahren wir ins Tierheim und suchen uns einen aus.
Paul übernachtet heute hier. Juhuuu!!! Und bleibt bis Sonntag zum Mittagessen. Danach fliegt er dann weg und dann bin ich ganz all-ei-hei-hein. *inskissenheul*
Ach ja, da fällt mir ein – rate mal, mit wem Scott zusammen ist? Mit Jessica Huxley aus der 10. Aber er steht total auf Gina Williams. Ha ha ha.
Ich schwöre: Den nächsten Menschen, der zu mir sagt: »Du findest bald eine neue Freundin«, erwürge ich eigenhändig.

Ich sammle jetzt übrigens nicht existierende Bücher von nicht existierenden Schriftstellern, z. B.:
»Moderne Riesen« von Go Liath
»Bitte tief einatmen« von Marie Huana
(erbitte weitere Beiträge)
Bis denne – Charlie

P.S.: Konfuzius sagt: »Holizont wild hell und hellel, guckst du übel Land von Tellel.«

Email: Posteingang (1)
Von: hannabannanna@fastmail.com
An: charliesangel@psnet.co.uk
Datum: 9. Juni
Betreff: kanz kool am kap

Hasta Bannanna, Baby!

Ach, mein Schnuckelinchen, halt die Horchklappen steif, mir geht es doch auch nicht besser. Du fehlst mir schröcklich. In Südafrika ist alles komplett verdreht. Angeblich ist hier gerade Winter, dafür ist es aber ganz schön heiß, heiß, MEGAHEISS. Kapstadt ist aber echt ein Traum. Du musst unbedingt bald zu Besuch kommen. Waren schon am Tafelberg. Ziemlich cool, wenn auch nicht besonders kühl <g>. Überall viele Strände, wo alle ständig abhängen. Die Chicos hier sehen deshalb auch viel gesünder aus als die englischen Blasslinge. Alle knackbraun mit Strahlegebiss. Sind aber genauso doof wie die aus London, jedenfalls wenn man von meinem Nachbarn auf den Rest schließen kann. Heißt Mark. Ist eigentlich ganz okay, aber als er mich zum Grillen (die sagen hier »Barbie« dazu!) eingeladen hat, ist mir aufgefallen, dass er mit offenem Mund isst, sodass man den ganzen Futterbrei sehen kann. Voll widerlich. Wenn er sich das nicht abgewöhnt, wird er ungeküsst sterben.
Buchtitel. Hmmm, mal nachdenken.
Okay.
»Hinter Gittern!« von R. Wischt
Hahahahahaha.

Chow Bambina
Schmatzischmatzi XXX
Hanna

Konfuzius sagt: »Wer sagt, dass ich alles sag, von dem man sagt, dass ich es sag?«
vorlachenzusammenbrech

3. Kapitel

Gestatten, Mr und Mrs Runzel

»Rückt doch mal näher zusammen!« Mum stand vor uns im Garten und guckte durch die Linse ihrer Kamera. »Richard, leg Paul einen Arm um die Schultern und *versuch* wenigstens so auszusehen, als würdest du ihn ein bisschen mögen.«

Dad, der hinter Paul und mir stand, zierte sich zwar, legte dann aber tatsächlich einen Arm um Pauls Schultern. »Obwohl es passender wäre, wenn er sich auf meine Tasche legen würde«, knurrte er.

»Meine Güte!« Mum stöhnte auf. »Jetzt reicht es mir aber. Du hast dich beim Mittagessen schon genug über das Thema ausgelassen. Das ist unser letzter gemeinsamer Familientag, bevor Paul nach Goa fliegt, also sei nicht kindisch und reiß dich zusammen.«

Paul und ich versuchten nicht laut zu lachen, als Dad trotzig den Kopf senkte wie ein Schuljunge, der zusammengestaucht worden ist, aber Mum kann eben genauso streng sein wie er. Wenn in ihren Augen dieses gewisse Funkeln aufblitzt, ist Vorsicht angesagt. Hanna hat meine Eltern immer Mr und Mrs Runzel genannt, weil sie so steinalt sind. Meine Mutter war schon fünfundvierzig, als sie mich bekommen hat, und Dad sogar schon dreiundfünfzig. Eigentlich hätte die Familienplanung mit Paul beendet sein sollen. Aber dann kam sieben Jahre später plötzlich ich auf die Welt. Ups. Ich glaube, so was nennt man einen »Unfall«. An meiner Schule hat niemand ältere Eltern als ich. Früher hab ich mich oft geschämt, wenn die anderen von ihren hippen, jungen Müttern abgeholt wurden, und auf mich warteten Mum und Dad in ihrer praktischen »Freizeitkleidung« und sahen aus wie Oma und Opa. Einmal hab ich in der Schule erzählt, sie wären in Wirklichkeit auch noch total jung, seien aber eines Sommers von Außerirdischen entführt und zwei Tage lang zu experimentellen Zwecken auf dem Raumschiff festgehalten worden, wodurch sie verfrüht gealtert seien. Vor lauter Schock seien ihre Haare über Nacht schlohweiß geworden. Ein Mädchen hat mir das sogar abgenommen. Unglaublich.

Sobald Mum ihr Foto im Kasten hatte, verabschiedete sich Dad, er würde jetzt eine Runde golfen gehen. Toller letzter Familientag, dachte ich, während Dad seinen Mercedes rückwärts aus der Einfahrt steuerte und zum Golfplatz fuhr.

Wir übrigen drei schlappten wieder ins Haus zurück, wo Paul und ich den Tisch abräumten. Das Mittagessen war ziemlich anstrengend gewesen, weil Dad mir einen langen Vortrag über die Bedeutung einer guten Ausbildung und eines krisensicheren Berufs gehalten hatte. Natürlich war allen klar, dass er das vor allem wegen Paul sagte, aber ich nickte trotzdem brav, als wäre ich völlig seiner Meinung. Alles nur um des lieben Friedens willen.

Danach fing er wieder an, darüber zu klagen, wie viel Geld Pauls Studium gekostet habe und was für eine Verschwendung das alles sei.

»Ich zahl dir alles zurück, Dad«, sagte Paul. »Verlass dich drauf.«

»Es geht mir nicht ums Geld«, brummte Dad. »Ich will, dass du glücklich wirst.«

»Aber das werde ich doch«, sagte Paul. »Quatsch, ich bin es

schon. Dad, ich will was von der Welt sehen, was erleben. Das wird eine Supererfahrung für mich.«

»Dann nimm wenigstens vernünftige Medikamente mit. Ich packe dir nachher ein paar Sachen ein.«

Paul seufzte. »Ich hab schon alles, was ich brauche, Dad. Mach dir keine Sorgen.«

Dad sah nicht überzeugt aus und einen Moment lang tat er mir richtig Leid. Eigentlich hat er sich für sein Alter ganz gut gehalten, aber jetzt kam er mir wie ein Greis vor, wie er so in sich zusammengesunken dasaß. Er sah traurig und erschöpft aus. Dad kommt einfach nicht damit klar, wenn jemand eigene Pläne und Vorstellungen hat. Er ist es von der Klinik her gewohnt, dass alle seine Anordnungen widerspruchslos befolgen, und wundert sich dann, wenn es zu Hause nicht genauso läuft. Armer Mad-Dad. Dabei meint er es eigentlich nur gut.

Nachdem wir die Geschirrspülmaschine eingeräumt hatten, ging Mum auf die Terrasse, um die Pflanzen zu gießen, und Paul und ich zogen ins Wohnzimmer um. Paul warf sich aufs Sofa und angelte gelangweilt nach der Sonntagszeitung. Aber als er den Rundbrief unserer Schule entdeckte, der unter der Zeitung lag, begann er stattdessen darin zu blättern.

»Hey, an eurer Schule gibt es ja echt tolle Angebote«, sagte er nach einer Weile. »Kunstworkshops, Theatergruppe, sogar eine Musical-AG. Mach doch bei so was mit, da würdest du vielleicht eine neue Freundin finden.«

»Du hörst dich langsam an wie Dad!« Ich ließ mich neben ihn fallen und legte die Füße auf den Couchtisch. »Du willst wohl auch mein Leben für mich organisieren, was? Dabei bin ich schon total verplant. Tennis, Karate, Fußball...«

»Ja, aber da lernst du wahrscheinlich doch nur Jungs kennen, keine Mädchen.«

»Was bist du denn für ein Macho? Wie kommst du darauf, dass bloß Jungs Sport machen?«

»Sorry, ich wollte dir nicht zu nahe treten. Ich wusste ja nicht, dass du Radikalfeministin bist!«

Ich grinste. »Ich bin keine radikale Feministin, nur weil ich glaube, dass Frauen das überlegenere Geschlecht sind.«

»Ach guck mal, da bist ja *du!*« Paul hatte unser Klassenfoto entdeckt. »Und Hanna.«

»Das war kurz nach den Osterferien.« Ich schaute ihm über die Schulter. »Ich seh total scheiße aus.«

»Du spinnst. Wie sind die anderen Mädchen in deiner Klasse denn so?«

»Och, na ja. Wie überall. Es gibt nette und blöde.« Ich zeigte auf zwei Mädchen. »Melanie und Lottie – mit denen komme ich ganz gut klar. Die waren gestern auch beim Fußball. Die drei daneben sind unsere Intelligenzbestien und die beiden hier sind die vollen Computercracks. Das da sind Jade und Candice, die fühlen sich schon super erwachsen und machen ziemlich oft blau. Mary und Emma sind die Sportskanonen der Klasse. Wendy ist eine ziemliche Zicke.«

»Und mit wem hängst du so ab?«

»Na ja, früher natürlich mit Hanna. Und ansonsten verstehe ich mich eigentlich mit Lottie und Mel am besten, aber so richtig eng befreundet bin ich mit ihnen auch nicht. Die meisten halten mich eh für eine Streberin, weil ich so gut in der Schule bin. Außer in Mathe. Mathe hasse ich echt.«

Paul beugte sich interessiert über das Foto.

»Wow, wer ist das denn?«, fragte er plötzlich. »Die sieht doch *sehr* sympathisch aus.«

»Das war ja klar!«, rief ich, als ich sah, auf wen er zeigte. »Das ist Gina Williams. Bloß das hübscheste Mädchen der ganzen Schule.«

»Sie sieht aus wie die Eine von Destiny's Child.«

»Beyoncé.«

»Ja, genau. Und mit wem ist sie befreundet?«

Ich legte meinen Zeigefinger auf Lucy Lovering und Izzie Foster.

»Die sehen aber auch nett aus. Erzähl doch mal, wie sind sie denn?«

»Da gibt es nicht viel zu erzählen. Ich kenne sie ja nur aus der Schule. Die haben auch ganz andere Hobbys als ich. Fußball interessiert die null. In der Schule sind sie so im Mittelfeld. Beliebt, keine Streberinnen, stören nicht im Unterricht. Obwohl – Izzie kann mit ihrer ewigen Fragerei richtig nerven. Wir haben eine Lehrerin, die sie nur noch ganz ungern drannimmt. Aber Gina finden natürlich *alle* toll. Sogar Scott hat mir gestern erzählt, dass er was von ihr will. Sie ist in der Theater-AG und will Schauspielerin werden. Wahrscheinlich ist sie voll eingebildet. Klar, wer so super aussieht, der kann nur eingebildet sein.«

»Wieso?« Paul grinste. »Schau mich an. Ich seh super aus und bin nicht eingebildet.«

»Und ich sehe auch super aus und bin nicht eingebildet«, sagte Mum, die gerade mit ein paar weißen Rosen reinkam, die sie im Garten geschnitten hatte. »Wieso versuchst du diese Mädchen nicht mal näher kennen zu lernen?«

»Ach, das verstehst du nicht, Mum. Die stecken immer bloß zu dritt zusammen. Ich bin denen viel zu langweilig.«

»Du bist aber gar nicht langweilig.« Mum nahm Paul den Rundbrief aus der Hand, drehte ihn um und überflog die Rückseite.

»Den kannst du gleich wieder weglegen. Da steht eh nichts drin, nur langweiliges Zeug.«

»Jetzt kriegst du ja bald die Chance, das zu ändern«, sagte Mum und hielt mir das Heft hin.

»Wieso?«

»Da. Letzte Seite. Ich bin gestern zufällig darauf gestoßen, als ich darin geblättert hab. Hab mir sofort gedacht, das wäre genau das Richtige für dich. Die Chefredakteurin geht nächstes Jahr von der Schule ab und jetzt wird durch einen Wettbewerb eine Nachfolgerin gesucht. Außerdem wollen sie den Rundbrief aufpeppen und in Zukunft eine richtige Schülerzeitung daraus machen. Bewerben können sich alle ab der Neunten. Du musst nur acht Probeseiten so gestalten, wie du dir eure Schülerzeitung vorstellst, damit die Jury sieht, was du kannst.«

»Interessiert mich nicht.« Ich warf den Rundbrief auf den Stapel alter Zeitungen.

»Aber du redest doch immer davon, dass du Schriftstellerin werden willst«, mischte sich Paul ein. »Mach doch mit. Da kriegst du Berufspraxis.«

Ich schüttelte den Kopf. »Die halten mich doch sowieso schon alle für eine Streberin. Wenn ich jetzt auch noch Chefredakteurin werden will, hassen sie mich wirklich.«

»Na gut.« Mum kniete sich vor den Schrank und suchte nach einer Vase. »Aber vielleicht interessiert dich wenigstens der Vortrag über modernen Journalismus, den Sam Denham an eurer Schule hält.«

»Sam Denham? Wo steht das?«

»Aha, damit kann man dich also doch noch hinterm Ofen hervorlocken, was?« Mum stand auf und griff wieder nach dem Rundbrief. »Montag, 11. Juni, 16:00 Uhr, in der Aula. Also morgen. Hier steht, dass er selbst mal Schülerzeitungsredakteur war.«

Wow! Sam Denham ist nämlich der totale Star-Journalist und

ständig im Fernsehen, weil er zu allem nach seiner Meinung befragt wird. Er ist total interessant und witzig, und obwohl er mindestens schon dreißig ist, sieht er ziemlich gut aus. Er hat so ein bisschen was von Ricky Martin.

Und der wollte also zu uns an die Schule kommen?

»Okay, zu dem Vortrag geh ich vielleicht hin«, sagte ich widerstrebend. »Aber nur, um mal zu hören, was er so zu sagen hat.«

Email: Postausgang (1)
Von: charliesangel@psnet.co.uk
An: hannabannanna@fastmail.com
Datum: 10. Juni
Betreff: gute? nacht!

Hi Hanna!

Ich könnte echt heulen. Paul ist endgültig weg. Er und Saskia fliegen morgen Abend nach Goa. Buhu. Alle lassen mich allein.

Muss ins Bett. Morgen Schule.

Charlie-Trauerkloß

News noch schnell: Die wollen unseren lahmen Schulrundbrief aufmöbeln und eine richtige Schülerzeitung daraus machen. Dafür wird jetzt eine neue Chefredakteurin gesucht. Morgen hält Sam Denham einen Vortrag an der Schule. Er war anscheinend früher auch mal Schülerzeitungsredakteur.

Email: Posteingang (1)
Von: hannabannanna@fastmail.com
An: charliesangel@psnet.co.uk
Datum: 10. Juni
Betreff: Sam Superman

AUFWAAAAAAACHEN!!

Wie bitte – hab ich richtig gelesen? Sam Denham? Etwa DER Sam Denham aus dem Fernsehen? Der superduper-schnuckel-wuckel Sam-Bam? Ahhhhh, ich platze vor Neid. Wieso hat man mich nach Afrika verschleppt????!! Zieh auf jeden Fall einen minikurzen Minirock an und setz dich ganz nach vorne, damit er deine Gazellenbeine bewundern kann.
Du musst dich unbedingt als Chefredakteurin bewerben. Du bist genau die Richtige für den Job. Außerdem würde es dich von deiner Sehnsucht nach Paul und mir ablenken. Das ist doch genau das, was die Kummerkastentanten in allen Zeitschriften auch immer raten: »Beschäftigen Sie sich. Stürzen Sie sich in Arbeit.« Das ist ein Wink des Himmels, Charlie. Eine schicksalhafte Fügung.
Übrigens, wenn du denkst, dir geht es mies, kannst du gerne mal mit mir tauschen. Ich hab hier GAR keine Freundinnen. Noch nicht mal Mels oder Lotties. Nein, nein, junge Frau, Sie haben keine Ahnung, was Unglücklichsein überhaupt bedeutet.

Mit den wärmsten Empfehlungen,
Ihr Briefkastentantchen Hanna

PS: Neuzugänge für deine Bibliothek:

»Über die Klippe« von Abaduzu Erst
»Montezumas Rache« von W.C. Örtchen

Huhuhahahahihihihi!

4. Kapitel

Ich bin klein und ganz allein

»Du bist klein und ganz allein, keine mag deine Freundin sein«, verhöhnte mich am nächsten Tag eine kleine Stimme in meinem Kopf, die immer lauter wurde. Allein, allein, allein: Ich saß allein auf dem Pausenhof und biss ohne Appetit von meinem Sandwich ab.

Ich saß allein herum, weil Melanie wegen ihres starken Heuschnupfens im Schulgebäude geblieben war. Angeblich wurde er draußen noch schlimmer. Und Lottie musste natürlich als Gesellschafterin und Taschentuch-Anreicherin bei ihr bleiben. Ich hätte Melanie gern erklärt, dass der feine Pollenstaub durch die kleinsten Ritzen dringt, weshalb sie drinnen wahrscheinlich auch nicht geschützter saß, aber ich hatte es mir verkniffen. Es gab schon genug Leute, die mich für eine Besserwisserin hielten. Deshalb meldete ich mich in der letzten Zeit auch viel seltener im Unterricht und ließ lieber anderen den Vortritt. Als Besserwisserin gewinnt man nämlich keine Beliebtheitswahlen.

Bald bereute ich es, nicht doch drinnen geblieben zu sein. Um mich herum hockten alle in Grüppchen herum. Es gibt so einen Spruch, dass man sich in einer Menschenmenge einsamer fühlen kann als allein zu Hause. Tja, da ist echt was dran.

Es war ein so brüllheißer Tag, dass fast alle Schülerinnen nach draußen gekommen waren. Überall saßen sie zu dritt und zu viert zusammen, quatschten, kicherten und hatten ihren Spaß. Früher hatte ich die Pause immer mit Hanna verbracht – es war ein richtig blödes Gefühl, jetzt so ganz allein herumsitzen zu müssen. Bestimmt schauten mich alle mitleidig an und flüsterten: »Die arme Charlie hat keine einzige Freundin.«

Ich biss tapfer von meinem Erdnussbutter-Honig-Sandwich ab, als wäre es mir total egal, obwohl es mir natürlich kein bisschen egal war. Ich fühlte mich wie die letzte Außenseiterin.

»Hey, Charlie!«, rief jemand aus der Richtung des Fahrradschuppens. Als ich mich umdrehte, sah ich Wendy Roberts auf mich zuschlendern.

»Hey.«

»Na du. Hast du schon was von Hanna gehört?« Sie setzte sich neben mich auf die Bank in die Sonne und schob die Träger ihres Tops herunter, um nahtlos braun zu werden.

Ich nickte. »Ja. Wir haben uns schon ein paar Mal gemailt. Ich glaub, sie hat Heimweh.«

»Und du vermisst sie wahrscheinlich auch ganz schön, was?«

»Ja, klar.« Ich wunderte mich ein bisschen. Was wollte Wendy eigentlich von mir? Normalerweise würdigte die mich doch keines Blickes. Und wieso interessierte sie sich plötzlich für Hanna? »Einfühlsam« und »herzlich« waren nämlich nicht unbedingt Eigenschaften, die einem zu Wendy einfielen, eher schon »egoistisch« und »selbstverliebt«. Andererseits war sie die Erste, die sich nach Hanna und mir erkundigte, also tat ich ihr vielleicht Unrecht.

»Gehst du heute Nachmittag auch zu dem Vortrag?«, fragte sie. »Du weißt schon – Sam Denham.«

Ich nickte.

»Der ist ja wohl supersüß! Ich hab ihn letzte Woche im Frühstücksfernsehen gesehen und bin dahingeschmolzen. Ob er schon vergeben ist? Sag mal, machst du eigentlich bei dem Schülerzeitungswettbewerb mit?«

Ich schüttelte den Kopf. Hannas Mail hatte mich zwar nachdenklich gemacht, aber das brauchte Wendy nicht zu wissen. Der Wettbewerb wäre wirklich eine gute Ablenkung für mich, und Paul hatte auch Recht: Als Redakteurin der Schülerzeitung konnte ich schon mal für meine zukünftige Karriere als Schriftstellerin üben. Aber das wollte ich nicht sagen, damit mich Wendy nicht für eingebildet hielt. Vielleicht würde es ja auch gar nicht klappen.

Wendy wühlte in ihrer Tasche, zückte einen Taschenspiegel und einen Lippenstift und schminkte sich. »Geile Farbe, was?«, schwärmte sie. »Ganz natürlich, mit einem Hauch von Gloss. Ideal für dunkelhaarige Girls wie dich und mich. Willst du auch?«

»Nein, danke.« *Dunkelhaarige Girls wie dich und mich?* Was sollte die anbiedernde Lass-uns-den-Lippenstift-teilen-Tour? Was wollte sie wirklich von mir?

»Du, Charlie...?«

»Ja?«

»Äh... ja, also... ich wollte dich fragen, ob du zufällig die Mathehausaufgabe gemacht hast, weil...«

Okay. Alles klar. Die Enttäuschung schwappte wie eine Flutwelle über mich hinweg. Eine Sekunde lang hatte ich doch tatsächlich gedacht, sie wäre freundlich zu mir, weil sie mich nett fand. Tja, falsch gedacht.

Wendy wand sich. »Ich wollte sie nämlich...«

Ich unterbrach sie. »Abschreiben? Soll ich dir mein Heft leihen?«

»Würdest du, echt? Das wäre superlieb von dir, du weißt ja, wie der Pott immer ausrastet, wenn man die Hausaufgaben nicht gemacht hat, und...«

»Ich kann aber für nichts garantieren. Mathe ist nicht meine Stärke«, warnte ich sie.

Wendy presste die Lippen aufeinander. »Ach komm, du machst doch immer alles mit links, aber wenn du sie lieber nicht rausrücken willst...«

»Nein, kein Problem. Hier.« Ich zog das Heft aus der Tasche. Ich hatte keine Lust auf Diskussionen. Mathe machte ich kein bisschen mit links. Ich hatte gestern zwei Stunden über den Aufgaben gebrütet und hatte keine Ahnung, ob die Lösungen stimmten. Dafür wusste ich aber etwas anderes: Eine neue Feindin konnte ich nicht gebrauchen, wo ich jetzt schon keine Freundin mehr hatte. Wendy konnte echt fies sein, wenn man es sich mit ihr verdarb.

Plötzlich bemerkte ich rechts von mir Izzie Foster, die uns beobachtete. Sie lächelte mit hochgezogenen Brauen.

»Danke! Du bist ein Schatz, Charlie!« Wendy schnappte sich mein Heft, sprang auf und überließ mich wieder mir selbst.

Izzie schaute immer noch herüber. Sie saß zwischen Lucy und Gina und die drei sonnten sich. Gina rieb sich gerade die Beine mit Sonnenmilch ein und Lucy hatte ihren Rock hochgeschoben und hielt die Beine in die Sonne. Izzie sagte irgendetwas, alle drei guckten zu mir rüber und dann stand Izzie auf und kam auf mich zu.

»Hey, Charlie. Gibt's was Neues von Hanna?«

»Ich hab mein Matheheft schon Wendy geborgt.«

»Dein Matheheft?« Izzie runzelte verwirrt die Stirn. »Du sitzt immer so alleine rum. Und da ist mir eingefallen, dass Hanna ja weggezogen ist. Wie geht's dir denn so ohne sie?«

Also war wirklich allen aufgefallen, wie einsam und allein ich war. Aber auf ihr Mitleid konnte ich verzichten.

»Bestens.« Ich stand auf und warf mein halb aufgegessenes Brot in den Mülleimer. »Ich muss wieder rein.«

Ich beschloss, mich bis zum Ende der Pause auf dem Klo einzuschließen. Dort konnte mich wenigstens keiner sehen und bemitleiden.

»Okay, ich fasse die fünf goldenen Regeln noch mal zusammen«, verkündete Sam Denham später am Nachmittag. »Wenn ihr die beherzigt, kann eigentlich nichts schief gehen.«

Ich schlug eine neue Seite in meinem Ringbuch auf, um alles mitzuschreiben.

»Erstens.« Er räusperte sich. »Die Leute sollen eure Schülerzeitung nicht schnell durchblättern und dann weglegen – sie sollen sie lesen. Um sie zum Lesen zu animieren, könnt ihr kleine ›Köder‹ auslegen. Fotos, Illustrationen, Überschriften oder Bildunterschriften, die mit einem Blick über den Inhalt des Artikels informieren und Interesse wecken. Zwischenüberschriften sind auch sehr wirkungsvoll. Wenn eure Leser die Seite überfliegen, bleiben sie daran hängen und wissen sofort, worum es geht. Okay, Frage an euch: Was macht eine gute Überschrift aus?«

Er schaute sich um. Ein paar Arme schossen hoch. Unter anderem meldete sich auch Gina Williams, die neben mir saß. Sam zeigte auf sie.

»Sie sollte interessant klingen«, sagte Gina und lächelte ihn verführerisch an.

»Ganz genau!« Sam strahlte und ließ seinen Blick etwas länger als nötig auf ihr ruhen. »*Interessant* oder witzig. Der so genannte ›Aufhänger‹ ist mindestens genauso wichtig wie die Idee hinter eurer Story.«

Während ich wie eine Besessene mitschrieb, um ja nichts zu verpassen, fiel mir plötzlich auf, dass sich Gina kein einziges Wort notiert hatte. »Brauchst du Papier?«, flüsterte ich und wollte ihr schon eine Seite aus meinem Ringbuch reißen.

Sie schüttelte lächelnd den Kopf. »Danke, nicht nötig. Ich bin bloß zum Gucken da.«

Genau wie ungefähr die Hälfte aller anderen hier im Saal, dachte ich. Ich konnte mich an keinen anderen Vortrag erinnern, der so gut besucht gewesen wäre. Und es waren nicht bloß Schülerinnen gekommen. Hannas Mutter hatte uns mal erzählt, die meisten Lehrer seien verhinderte Schriftsteller, und sie musste es wissen, weil sie nämlich bis zu ihrem Umzug selbst Lehrerin an unserer Schule gewesen war. Sie hatte uns verraten, dass jeder zweite Lehrer an unserer Schule heimlich Romane schrieb und hoffte, eines Tages damit berühmt zu werden, um nie mehr unterrichten zu müssen.

»So. Zweite Regel«, fuhr Sam fort. »Achtet darauf, dass das Bildmaterial oder die Illustration zu euren Artikeln passt. Also bitte keine glücklich lächelnden Menschen neben irgendwelchen tragischen Berichten. Drittens: Setzt Bilder und Überschriften kreativ ein. Nehmen wir mal an, ihr wollt auf eurer Sportseite einen Artikel über Tennisunterricht bringen. Irgendwelche Ideen dazu?«

Wendy Roberts wedelte mit der Hand. »Wie wäre es mit einem Foto mit ein paar Tennis spielenden Schülern und dazu die Überschrift: ›Tennis spielen ist gar nicht so schwer‹.«

Sam nickte. »Könnte man machen. Aber sonderlich originell ist das nicht gerade. Weitere Vorschläge?«

Wendy lief knallrot an.

Ich hatte zwar auch eine Idee, wollte aber nicht, dass die anderen dachten, ich will mich wichtig machen. Trotzdem formulierte ich sie im Kopf schon mal vor, für den Fall, dass ich doch noch den Mut aufbrachte, mich zu melden.

Sam rief ein Mädchen in einer der hinteren Reihen auf. Es war Izzie Foster. »Ein Bild von Serena Williams, die gerade einem Ball nachjagt, und dazu der Text: ›Bist du womöglich die nächste Serena?‹ – wie wäre das?«

»Jetzt kommen wir der Sache schon näher«, lobte Sam. »Das geht in die richtige Richtung. Andererseits wissen deine Leser, dass sie wahrscheinlich niemals so gut werden wie Serena. Also schüchtert deine Bildunterschrift sie womöglich eher ein. Trotzdem eine prima Idee. Noch jemand?«

Ich. Ich! Ich versuchte all meinen Mut zusammenzukratzen, um mich zu melden.

»Na, was ist denn?« Sam ließ den Blick durch den Saal voller schweigender Mädchen wandern. »Wenn ihr Profis werden wollt, müsst ihr lernen, eure Ideen zur Diskussion zu stellen, selbst wenn sie durchfallen. Macht doch nichts. Aus Fehlern lernt man genauso viel wie aus Erfolgen, vielleicht sogar noch mehr. Also traut euch ruhig!«

Ich lief rot an, hob aber mutig die Hand. Ich wollte unbedingt wissen, wie er meinen Einfall fand.

»Ja, du«, sagte Sam in meine Richtung. »Die Lara Croft aus der ersten Reihe.«

Ich guckte mich um. Wen meinte er? Aber außer mir meldete sich keine. Er zeigte eindeutig auf mich. »Ja, das Mädchen mit dem Zopf da vorn.«

O Gott, er meinte tatsächlich mich! Ich lief noch röter an und holte tief Luft. »Man könnte ein Foto suchen, auf dem ein Star wie Andre Agassi oder so auf dem Rücken liegt«, stieß ich schließlich hervor, »und der Ball fliegt über ihn drüber. Dazu könnte man schreiben: ›Selbst die Allerbesten brauchen manchmal Nachhilfe.‹«

»Ganz toll!«, rief Sam begeistert. »Das bringt deine Leser vielleicht nicht dazu, gleich Tennisstunden zu nehmen, aber den Artikel werden sie garantiert lesen.«

»Gut gemacht, *Lara!*«, raunte Gina mir zu und ich lief noch dunkelroter an.

»Okay, weiter. Vierte Regel: Habt niemals Angst davor, etwas Neues auszuprobieren. Und fünftens: Das Layout darf eure Leser nicht verwirren. Sie müssen sofort erkennen können, wo ein Text weitergeht. Information hat immer oberste Priorität. Findet heraus, wer eure Zielgruppe ist. Haltet die Absätze kurz und knapp. Lockert lange Textstrecken auf. Ihr kennt die Tricks ja aus Zeitschriften – zehn Tipps hierzu, fünf goldene Regeln dazu... und so weiter und so fort.«

Zum Abschluss seines Vortrags beantwortete er noch Fragen aus dem Publikum, aber davon bekam ich kaum noch etwas mit, weil ich in eine Art selige Trance gefallen war. Ich hatte mit Sam gesprochen! Und er hatte meine Idee gut gefunden. Sogar sehr gut. Ich platzte fast vor Stolz und konnte es kaum erwarten, Hanna alles haarklein zu berichten.

Als alle aufstanden und aus dem Saal strömten, sah ich plötzlich, wie Sam direkt auf mich zusteuerte. Omeingott! Er wollte mit mir reden. Ich blieb wie versteinert sitzen und spürte, wie mir wieder die Röte ins Gesicht schoss. Vor Aufregung bekam ich kaum noch Luft, und ich überlegte fieberhaft, was ich zu ihm sagen könnte. Ich versuchte ganz natürlich und entspannt zu lächeln, aber ich war so nervös, dass ich wahrscheinlich eher wie eine grinsende Hyäne aussah.

Schließlich blieb Sam vor mir stehen, kniete sich hin – und drehte mir den Rücken zu.

»Hat dir mein Vortrag denn etwas gebracht?«, fragte er Gina.

»Na klar!« Gina strahlte. »Er war echt total interessant.«

Mein Lächeln fiel in sich zusammen. Ich war eine Vollidiotin. Eine absolute Vollidiotin! Wie war ich nur darauf gekommen, dass Sam ausgerechnet mit mir hätte reden wollen?

Ich guckte mich verstohlen um. Hoffentlich hatte niemand etwas von meiner Schmach mitgekriegt. Verdammt! Lucy Lovering stand ganz in der Nähe. Sie hatte bestimmt alles gesehen. Erst mein blödes, erwartungsfrohes Hyänengrinsen und dann, wie sich Sam hingekniet und Gina angesprochen hatte. Gott, wie peinlich.

Ich guckte weg und stand rasch auf, um durch den Hinterausgang zu flüchten. Sam setzte sich gleich auf meinen frei gewordenen Platz und unterhielt sich weiter mit Gina.

Als ich gerade durchs Schultor auf die Straße stürmte, hörte ich Lucy hinter mir herrufen. »Hey, Charlie! Warte doch!«

Bitte nicht! Ich wollte nur noch weg. Nach Hause, um mich zu verstecken. Was wollte die von mir? Ich tat einfach so, als hätte ich nichts gehört, und ging weiter.

»Charlie!«, Lucy kam mir atemlos hinterhergerannt.

»Was denn?«

»Das war echt eine Superidee, die du da hattest.«

»Danke«, murmelte ich, ohne stehen zu bleiben. Ich fühlte mich alles andere als super. »Bis morgen, Lucy.«

Sie blieb hartnäckig. »Welchen Bus nimmst du denn?«

»Den 102er.«

»Ich auch. Dann können wir ja zusammen fahren.«

»Musst du nicht auf Gina und Izzie warten?«

Sie schüttelte den Kopf. »Izzie ist schon zur Bandprobe und Gina... na ja...«

»Die hofft wahrscheinlich, dass Sam Denham sie nach Hause fährt«, sagte ich verbittert. Ich konnte nicht anders. Es hatte mich echt tief getroffen, dass sich Sam ausgerechnet mit Gina unterhalten hatte, obwohl die sich noch nicht mal für Journalismus interessierte und auch nicht bei der Schülerzeitung mitmachen wollte.

»Sam?« Lucy kicherte. »Möchte mal wissen, wie er das machen soll. Der ist doch mit dem Rad da.«

»Im Ernst? Ich hätte gedacht, der fährt einen coolen Sportwagen.«

»Ich auch«, sagte Lucy. »Aber es ist immerhin ein ziemlich cooles Bike. Ich hab gesehen, wie er hier ankam. Hatte sogar brav einen Helm auf.« Nach kurzem Zögern fügte sie hinzu: »Manchmal sind die Leute ganz anders, als man denkt.«

Ich schämte mich sofort für meine Wut auf Gina. Sie konnte ja nichts für ihre magnetische Wirkung auf das andere Geschlecht.

Wir schwiegen beide einen Moment. Lucy holte plötzlich tief Luft. »Äh… weißt du… vorhin… also, ich hab das mitgekriegt.«

Ich zuckte mit den Schultern und tat so, als wäre es mir egal. »Gina sieht eben verdammt gut aus. Sie hat alles, was ein Mann sich nur wünschen kann.«

»Zum Beispiel Haare auf der Brust und dicke Muskeln?«, fragte Lucy.

Ich musste lachen. »Ich hab wirklich gedacht, er will mit mir reden – oder wenigstens mit uns beiden.«

»Ich weiß«, sagte Lucy leise. »Das hat man gesehen.«

»Ich bin mir echt so bescheuert vorgekommen. Als wäre ich unsichtbar oder so.«

»Das kenn ich, glaub mir. So hab ich mich auch gefühlt, als Gina in unsere Klasse kam«, erzählte Lucy. »Ich meine, klar, sie ist meine Freundin, aber sie sieht einfach spitzenmäßig aus und alle Leute schauen immer zuerst sie an. Und witzig ist sie auch noch, sodass alle sie sofort mögen. Da muss man ja Komplexe kriegen. Am Anfang hab ich gedacht, sie will mir Izzie ausspannen. Ich dachte, sie will gar nicht mit mir, sondern bloß mit Izzie befreundet sein. Ich weiß also sehr gut, wie es ist, sich unsichtbar zu fühlen.«

»Und wie hast du reagiert?«

»Total erwachsen und reif, natürlich. Nee, Quatsch. Ich war beleidigt, bin in Selbstmitleid versunken und hab Gina *gehasst*. Aber dann hab ich sie näher kennen gelernt und gemerkt, wie nett sie ist. Sie hat übrigens umgekehrt gedacht, ich würde sie nicht mögen.«

In diesem Moment schoss Sam Denham auf seinem Rad an uns vorbei, raste über ein Schlagloch und wurde unsanft in die Luft katapultiert.

»O je!«, Lucy grinste. »Wenn er irgendwann noch Kinder zeugen will, sollte er vielleicht lieber langsamer fahren.«

Ich sah lachend zu, wie Sam um die Kurve eierte.

»Hey«, sagte Lucy plötzlich. »Er hat dich *Lara Croft* genannt!«

»Ja, stimmt.« Jetzt fiel es mir auch wieder ein. »Im ersten Moment hab ich gedacht, er meint eine andere. Aber das hat er wahrscheinlich sowieso bloß wegen dem Zopf gesagt.«

»Du siehst aber wirklich ein bisschen wie Lara aus. Charlie Watts und *unsichtbar*? Ha! Wohl kaum. Du wirst mit der erotischsten Frau im ganzen Cyberspace verglichen.«

»Stimmt«, sagte ich. »Leg dich also nicht mit mir an...«

Ich mochte Lucy. Sie war witzig, genau wie Hanna. Sie hatte die Fähigkeit, alles so hinzubiegen, dass man es nicht mehr so schlimm fand. Irgendwie machte mir die peinliche Geschichte mit Sam Denham jetzt gar nichts mehr aus. Wahrscheinlich hatte er sowieso nichts davon mitgekriegt.

Lucy und ich lachten und erzählten uns so viel, dass die Busfahrt wie im Flug verging. Als ich unsere Haustür aufschloss, merkte ich, dass ich zum ersten Mal seit Wochen so richtig glücklich war.

Auf einmal sah die Welt schon viel rosiger aus.

Email: Postausgang (1)
Von: charliesangel@psnet.co.uk
An: hannabannnana@fastmail.com
Datum: 11. Juni
Betreff: Thank U Sam!

Hi Ha!

Genialer Vortrag von Sam Denham. Hat sich natürlich gleich in Gina verknallt und ist danach schnurstracks zu ihr hin, um mit ihr zu flirten.
Ich mache jetzt übrigens auf jeden Fall bei dem Wettbewerb mit. Olé! Danke für die Rückenstärkung.
Bin mit Lucy Lovering im Bus nach Hause gefahren. Sie ist echt voll nett und witzig. Am Freitag gehe ich nach der Schule zu ihr. *freu*
Vorhin war Scott da, um sich mein Buffy-Video auszuleihen. Er will es sich mit Jessica anschauen. Schöne Grüße von ihm.
Dass er mir noch Geld schuldet, hat er anscheinend vergessen. Eigentlich sollte ich ihn darauf ansprechen, aber irgendwie schaff ich es nicht...

Ich muss leider Schluss machen – wir haben kiloweise Hausaufgaben auf. Bäh.
Ich vermiss dich wie die Hölle.
Bald wirr sprecken widder, okai?
Liebesgrüße von
Charlie

Email: Posteingang (1)
Von: hannabannanna@fastmail.com
An: charliesangel@psnet.co.uk
Datum: 11. Juni
Betreff: SOS – schule ohne scharlie

Ach Charlchen,
Hilfe! Bin verzweifelt. Ich mag nicht hier sein. WILL NACH HAUSE! Aber du wirst jetzt ja sowieso die beste Freundin von Lucy Lovering und vergisst mich. Heute hat die Schule angefangen. Die Jungs in meiner Klasse sind so lala. Außerdem haben die hier eine total merkwürdige Aussprache und benutzen lauter Ausdrücke, die ich nicht verstehe. Eine aus unserer Klasse heißt zum Beispiel Janie, aber das klingt bei denen wie Jain-iii. Und »Freundin« heißt bei denen »Cherry«. Es dauert bestimmt total lange, bis ich mich daran gewöhnt hab.
Gutnacht ma cherry.
Sprecken-spracken mucho baldo, ja ja.
Deine sehr betrübte, treue Freundin Hu-hu-Hanna.

P.S. Mark (du weißt schon – der von nebenan) hat ein paar Buchvorschläge. Natürlich voll pervers. Aber was will man von einem Jungen anderes erwarten?
»Verrostete Sprungfedern« von Betty Nässer
»Blutige Laken« von Peer Iode
»Ätzend« von Axel Schweiß

5. Kapitel

40

Lucy ließ ihre Schultasche fallen. »Mach's dir gemütlich.« Sie zeigte auf den riesigen Esstisch, der die halbe Küche einnahm, und riss die Kühlschranktür auf.

Als ich mich gerade setzen wollte, schoss ein Labrador unter dem Tisch hervor, sprang an mir hoch, legte mir beide Pfoten auf die Brust und begann mir zur Begrüßung liebevoll das Gesicht abzuschlecken.

»Aus! Häagen!«, schimpfte Lucy, als plötzlich noch ein zweiter Hund auftauchte und bei der rituellen Gesichtswaschung mitmachen wollte.

»Wie viele habt ihr davon?«, fragte ich und wischte mir mit dem Ärmel über die Wangen.

»Nur zwei.« Lucy machte die Glastür zum Garten auf. »Häagen! Dazs!«, rief sie und rannte hinaus. Die Hunde ließen sofort von mir ab und stürmten ihr schwanzwedelnd hinterher. Sobald sie draußen waren, sprang Lucy in die Küche zurück und knallte die Tür von innen zu. Die beiden Hunde guckten beleidigt durch die Scheibe, als wollten sie sagen: »Boah, echt fieser Trick.«

»Meinetwegen hättest du sie aber nicht rausschmeißen müssen«, sagte ich. »Ich mag Hunde.«

»Ich auch. Ich liebe die beiden genauso sehr wie Izzie und Gina. Aber sie gehen mir manchmal ziemlich auf die Nerven.« Lucy grinste. »Die Hunde übrigens auch.«

Sie hielt zwei Saftkartons in die Höhe. »Preiselbeere oder Apfel?«

»Preiselbeere, bitte.« Ich setzte mich. Bei den Loverings war es unheimlich gemütlich, ich fühlte mich gleich pudelwohl. Hier wohnten Menschen und das sah man auch. Jede freie Fläche war mit Stapeln von Büchern, Zeitungen und Zeitschriften bedeckt, überall hingen Bilder und Zeichnungen und an einer Wand stand ein wunderschönes, altes Küchenbüffet mit buntem Steingut darin.

Am Tisch saß ein Junge, der in das neueste Buch von John Irving vertieft war. Ich räusperte mich. »Äh... hallo.«

»'lo«, brummelte er.

»Steve, das ist Charlie. Charlie, das ist mein charmanter Bruder Steve.«

Steve sah kaum auf. Er verzog nur das Gesicht.

»*Oh, hallo, Charlie!*«, flötete Lucy. »*Ich heiße Steve. Sehr erfreut, dich kennen zu lernen. Ich würde dich normalerweise auch anschauen, aber du bist ja bloß eine Freundin von meiner kleinen Schwester. Also wozu die Mühe? Du bist sowieso zu jung für mich und wahrscheinlich auch zu blöd. Was du zu sagen hättest, interessiert mich nicht die Bohne. Ich bin dir in jeder Beziehung überlegen, und du würdest gar nicht verstehen, was ich sage – oder denke.*«

Um Steves Mundwinkel zuckte es. Beinahe hätte er gelacht.

»Ist das gut?«, fragte ich und deutete auf das Buch. »Ich hab außer dem da alle von ihm gelesen. ›Garp‹ fand ich am allerbesten.«

Jetzt sah er mich zum ersten Mal an. Allerdings so, als würde er etwas Unappetitliches betrachten, das ihm eine Katze ins Haus geschleppt hatte. Ich guckte ihm trotzdem freundlich in die Augen.

»Du bist wohl neu, was?«, sagte er.

»Nicht zu fassen – ES kann sprechen!« Lucy stellte ein Glas mit Saft neben mich. »Tut mir Leid, das ist naturtrüber Bio-Saft, aber er schmeckt ganz okay, wenn man sich daran gewöhnt hat. Meine Eltern sind beide die vollen Gesundheitsfanatiker...«

»Und wenn wir Appetit auf Konservierungsstoffe und Nitrate haben, müssen wir uns die woanders holen«, ergänzte Steve.

»Um auf deine Frage zu antworten: Nein, ich bin nicht neu«, sagte ich. »Ich war zwar noch nie bei euch zu Hause, aber ich war schon immer in Lucys Klasse.«

»Charlie ist auch so eine Intelligenzbestie wie du«, sagte Lucy. »Sie wird bald die neue Chefredakteurin von unserer Schülerzeitung.«

»Aha.« Steve sah total unbeeindruckt aus.

Intelligenzbestie? Machte ich auf andere etwa wirklich diesen Eindruck? O Gott, wie langweilig.

Aber es kam noch schlimmer.

»Genau, und außerdem ist sie Weltmeisterin im Armdrücken.«

Lucy merkte überhaupt nicht, wie peinlich mir das alles war. Was für eine Supereinführung. Hallöchen, ich bin übrigens Charlie – Superhirn mit Muskeln. Wie sexy klingt das denn?

Steve legte sein Buch zur Seite und tat, was alle Jungs tun, wenn meine Talente im Armdrücken zur Sprache kommen. Er streckte mir die Hand entgegen.

Im gleichen Moment flog die Hintertür auf. Ein Junge platzte in die Küche und knallte seine Tasche auf den Tisch. Er war so blond wie Lucy und schien jünger zu sein als Steve, vielleicht fünfzehn. Steve sah dagegen aus, als wäre er schon in der Oberstufe.

»Cool! Armdrücken!« Er ließ sich neben mich auf einen Stuhl fallen. »Ich trete dann gegen den Gewinner an.«

»Charlie, das ist mein zweiter Bruder – Lal«, stellte Lucy ihn vor. Wir nickten uns zu. Dann gaben Steve und ich uns die Hand und stützten die Ellbogen auf die Tischplatte. Ich ließ meine Hand absichtlich ganz schlaff hängen, um ihn ein bisschen zu foppen. Mit ihm würde ich ein leichtes Spiel haben.

Lal gab das Kommando. »Auf die Plätze, fertig – los!«

Nach zwei Sekunden war alles vorbei.

»Hey, ich war noch nicht so weit!«, protestierte Steve, als sein Unterarm auf den Tisch knallte. »Du hast viel zu früh ›Los‹ gesagt.«

»Na klar!« Lal schob Steve von seinem Stuhl und setzte sich selbst darauf. »Du bist eben ein schwächliches Weichei. Jetzt lass mich mal ran.«

Wir nahmen unsere Positionen ein und diesmal gab Steve das Startkommando. »Auf die Plätze, fertig – LOS!«

Lal war etwas schwieriger zu besiegen. Ich brauchte immerhin zehn Sekunden.

»Wow. Nicht schlecht für ein Mädchen. Bist du auf anderen Gebieten auch so ein Profi?«, fragte er, ohne meine Hand loszulassen, und betrachtete meine Lippen mit einem Blick, den ich nur als *lüstern* beschreiben kann.

Lucy gab ihm mit der flachen Hand einen Klaps auf den Hinterkopf. »Ignorier ihn einfach, Charlie. Lal hält sich für Casanova.«

Lal nahm seine Hand weg und Steve erkundigte sich grinsend: »Computer kannst du wohl nicht zufällig reparieren, oder?«

»Och, wer weiß…«, sagte ich.

Es war der reinste Traum.

Steves Computerprobleme löste ich im Handumdrehen. Er hatte genau den gleichen PC wie ich, mit demselben Betriebssystem drauf, und war total beeindruckt, als ich bloß auf ein paar Tasten drückte und – *tataa* – alles funktionierte wieder.

»Wow!«, staunte er. »Normalerweise bin ich immer der, der anderen die Computer repariert, aber diesmal hatte ich echt ein Brett vor dem Kopf.«

Danach war er plötzlich überhaupt nicht mehr arrogant, und wir fingen an, über Bücher zu reden. Er teilte sich das Zimmer mit Lal und seine Zimmerhälfte stand voller Bücherregale.

»Wer ist denn dein Lieblingsschriftsteller?«, wollte er wissen.

»Hm, ich hab so viele. Können wir uns auf meine liebsten drei einigen?«

Er nickte.

»Okay, ich weiß zwar, dass es bloß Jugendbücher sind, aber die ›Chroniken von Narnia‹ von C. S. Lewis finde ich genial.«

»Ja, die sind cool«, bestätigte er.

»Und Bill Bryson ist super.«

»Auf jeden Fall.« Steve zeigte auf sein Regal. »Von dem hab ich auch alles.«

»Und dann hat mir ›Alias Grace‹ von Margaret Atwood total gut gefallen.«

»Was macht der Computer?«, rief Lucy von draußen rein.

»Läuft wieder«, brüllte Steve zurück.

Lucy kam ins Zimmer gestürzt. »Dann gib mir Charlie wieder zurück. Sie ist *meine* Freundin«, beschwerte sie sich. »Komm mit, jetzt schaust du dir auch mal mein Zimmer an.«

Ich stand auf und folgte ihr. Hey, sie hatte mich als ihre Freundin bezeichnet, mir wurde richtig warm vor Stolz und Freude. Lal und Steve waren auch echt nett und ich war zum ersten Mal bei fremden Jungs nicht vor lauter Nervosität verstummt.

»Wahnsinn!«, rief ich, als Lucy ihre Zimmertür öffnete. »Bei dir sieht es aus wie in einem Prinzessinnenschlafzimmer. Von einer indischen Prinzessin.«

»Danke.« Lucy freute sich. »Ich hab es letztes Jahr mit meiner Mutter eingerichtet. Die Vorhänge sind aus einem Sari, den ich im East End gekauft hab.«

An der Wand klebten aus Zeitschriften ausgeschnittene Fotos. Aber es waren nicht die üblichen Bands oder Schauspieler – ich erkannte niemanden.

»Wer sind die denn alle?«

»Modemacher. Gaultier. Armani. Stella McCartney. Ich will nach der Schule Modedesign studieren.«

»Du hast auf jeden Fall ein total gutes Farbgefühl. Das Blau, das Silber und das Lila sehen zusammen super aus. Könntest du mein Zimmer vielleicht auch umstylen? Die Farbe, in der meine Mutter es gestrichen hat, hieß bestimmt ›Verwelkte Magnolie‹ oder so.«

»Willst du mal sehen, was ich für Sachen nähe?«, fragte Lucy. Sie öffnete ihren Schrank und zog verschiedene Röcke, Kleider und Oberteile raus. Die hielt sie sich vor den Körper. Ich war schwer beeindruckt. Obwohl ich wirklich nichts von Mode verstand, sah ich, dass sie verdammt gut waren.

»Vielleicht könntest du einen Artikel für meine Schülerzeitung schreiben. Über die neuesten Modetrends für Strand und Urlaub.«

»Top Fashiontipps?«

»Ja, genau. *Sengend heiße Sommerhits.*« Ich lachte.

»Kann ich gern machen«, meinte Lucy. »Hast du dir eigentlich schon mal überlegt, die Schülerzeitung umzubenennen? ›Freemont News‹ klingt ja wohl voll einschläfernd.«

»Ja, daran hab ich auch schon gedacht. Was hältst du von ›4 U‹?«

»*For you?*«, sagte Lucy. »Genial! Eine Zeitschrift für uns Schüler, das ist nämlich genau das, was der Rundbrief bis jetzt nicht war und was sich alle wünschen. Du machst das bestimmt super, Charlie. Ich bin mir jetzt schon sicher, dass sie dich nehmen.«

Ich wurde ein bisschen rot. »Ich würde es auf jeden Fall gern versuchen. Aber ich war schon ein bisschen geschockt, als ich nach Sams Vortrag gesehen hab, wie viele bei dem Wettbewerb mitmachen wollen.«

»Ich weiß.« Lucy nickte. »Sogar die blöde Kuh Wendy Roberts, obwohl sie total beleidigt war, dass Sam ihre Antwort nicht gut fand. Ich hab ihr Gesicht gesehen. Sie war voll sauer. Erst recht, als er dich so gelobt hat.«

»Heute hat sie mich noch mehr gehasst. Sie hatte sich nämlich mein Matheheft zum Abschreiben geliehen und die meisten Ergebnisse waren falsch. Mathe ist echt mein schlechtestes Fach.«

»Geschieht ihr ganz recht«, sagte Lucy.

In diesem Moment klingelte es unten an der Tür.

»Keine Panik, einer von den Jungs kann aufmachen. Wahrscheinlich ist es Gina. Sie wollte noch vorbeikommen.«

Tatsächlich stand ein paar Sekunden später Gina in der Tür.

»Hey!« Sie lächelte uns beide an und warf sich aufs Bett. Obwohl sie etwas überrascht schien, mich bei Lucy zu sehen, hatte sie anscheinend nichts dagegen. Ich konnte mein Glück kaum fassen. Vielleicht wurden wir echt alle noch Freundinnen.

»Wir haben gerade über die neue Schülerzeitung geredet«, erklärte Lucy.

»Cool«, sagte Gina zu mir. »Das heißt, du machst beim Wettbewerb mit?«

Ich nickte. »Und Lucy schreibt einen Artikel über Modetrends.«

»Gute Idee.« Gina nickte. »Weißt du, was auch total gut kommen würde? So eine Vorher-Nachher-Stylinggeschichte. Vom hässlichen Entlein zum schönen Schwan.«

Lucy nickte begeistert. »Stimmt, das wäre super.«

Gina sah mich nachdenklich an. »Und wisst ihr, wen wir als Anschauungsobjekt verschönern sollten?«

Ich schüttelte den Kopf.

»Na, dich! Du könntest nämlich echt gut aussehen.«

Lucy guckte erschrocken. »Gina! Charlie sieht schon gut aus. O Mann – du und deine große Klappe. Du denkst aber auch nie nach, bevor du losplapperst!«

»Was? *Waas?*« Gina wurde rot. »So hab ich das nicht gemeint – Ich wollte doch nur...«

Ich rang mir ein Lächeln ab, obwohl ich am liebsten gestorben wäre. Sie fand mich also hässlich. Okay, ich wusste, dass ich nicht besonders trendy angezogen war, aber musste sie es mir gleich so unter die Nase reiben? Ich stand auf.

»Bitte geh noch nicht«, bettelte Lucy.

Ich guckte auf meine Armbanduhr und ging zur Tür. »Ich hab um sieben Karate. Heute ist die letzte Stunde vor den Ferien, da muss ich hin. Keine Angst, ich bin nicht beleidigt, alles okay.« Ich versuchte tapfer zu lächeln, aber Lucy sah nicht gerade überzeugt aus.

»Charlie, ich wollte dich nicht...« Gina druckste herum. »Ach shit, ich meine... Ich wollte doch nur sagen, dass du dir vielleicht mehr Mühe...«

»Gina! Klappe!«, drohte ihr Lucy, stand auf und hakte sich bei mir unter. »Komm, ich bring dich noch zur Tür.«

Unten an der Haustür nahm Lucy mir das Versprechen ab, sie wieder zu besuchen. »Ist echt alles okay?«

Ich nickte, aber nur weil ich schnellstmöglich wegwollte. Das mit der Karatestunde war nicht gelogen gewesen, aber ich hatte gar nicht vorgehabt, hinzugehen. Ich wollte nach Hause und mich bei Hanna per Mail ausheulen.

Als Lucy die Tür hinter mir zugemacht hatte, warf ich noch einen letzten Blick zurück. Nie wieder würde ich dieses Haus betreten und mir von Gina sagen lassen, wie scheiße ich aussah. Klar, *sie* hatte keine Probleme. Gina konnte einen Müllsack anziehen und fantastisch aussehen.

Email: Postausgang (2)
Von: charliesangel@psnet.co.uk
A: hannabannanna@fastmail.com
Datum: 15. Juni
Betreff: Beste Freundin

Allerliebste Hannabannanna!

Echt. Wie konnte ich jemals glauben, ich könnte mich mit Lucy Lovering anfreunden? Nicht solange sie mit Gina Williams befreundet ist. Du glaubst nicht, was die gerade zu mir gesagt hat… Dass ich eine Verschönerungskur brauche! Wahrscheinlich denken das alle an der Schule. Dass ich eine Streberin bin. Und blöd. Und hässlich. Ich könnte heulen.
Habe Scott angerufen und gefragt, ob er eine Idee hat, wie ich meinen Look verbessern kann. Er hat bloß gelacht und gesagt: »Zieh mehr Blau an, das passt gut zu deinen Krampfadern.« Er fand das superlustig. Als ich ihm gesagt hab, dass ich echt fertig bin und aufgemuntert werden muss, hat er versprochen, nach »Friends« noch mal anzurufen. Tja, ich warte immer noch. Ich vermisse dich sooooooooooo. Bissi balda, oke?
Charlie

Von: charliesangel@psnet.co.uk
An: hannabannanna@fastmail.com
Datum: 15. Juni
Betreff: Wo bist du?

Hanna??? Wo steckst du????

Scott hat immer noch nicht zurückgerufen, obwohl er es versprochen hat.
Und Paul ist jetzt irgendwo am anderen Ende der Welt. Wahrscheinlich auf irgendeiner Paradiesinsel wie in »The Beach«.
Ich fühl mich so allein.

Mfg Charlie

Ach ja, ich hab heute übrigens Lucys Brüder kennen gelernt. Sie sind beide süß, und der Ältere, Steve, ist sogar richtig nett, wenn er gerade mal nicht arrogant ist. Er hat ein paar Superbuchtitel beigesteuert und vorgeschlagen, sie als Pseudo-Buchwerbung in der Schülerzeitung abzudrucken.

»Bläschen in der Badewanne« von Ihab Luftimpo
»Computer des Satans« von Mike Rosoft

Wo steckst du nur? Musse jetze ins Bette, isse schone späte.

6. Kapitel

Mojo kommt ins Haus

Als ich am nächsten Morgen aufwachte, ging es mir schon ein bisschen besser. Erstens war Wochenende, und zweitens hatte Mum versprochen, heute mit mir ins Tierheim nach Battersea zu fahren. Wer brauchte schon Freundinnen? Ich jedenfalls nicht! Ich würde mir einen Freund suchen. Und zwar einen von der vierbeinigen Sorte.

In Lichtgeschwindigkeit zog ich mich an und raste nach unten. Küche: leer. Dads Arbeitszimmer: leer. Wohnzimmer: leer, was sonst.

»Wo ist Mum?«, fragte ich Dad, den ich schließlich draußen auf der Terrasse fand, wo er Zeitung las und Kaffee trank.

»Dringender Notfall. Sie musste in die Praxis. Guten Morgen, Charlie.«

»Äh... ja, auch guten Morgen. Wann kommt sie wieder?«

»Wusste sie noch nicht.«

Ich stöhnte auf. »Oh, nee. Das gibt's doch nicht. Wir wollten heute ins Tierheim. Und heute Nachmittag ist Fußballtraining... wenn sie nicht bald zurückkommt, ist es zu spät.«

»Also ich hab heute dienstfrei«, meinte Dad. »Wenn du auch mit mir vorlieb nimmst, können wir sofort los.«

»In der Schule alles okay?«, fragte er, als wir die Edgware Road hinunter Richtung Hyde Park fuhren.

»Mhm.«

»Ist ja jetzt nicht mehr lang bis zu den Sommerferien, was?«

»Nö, nicht mehr so lang.«

»Alles okay bei dir?«

»Ja, und bei dir, Dad?«

»Auch alles prima, danke.«

Er gab sich wirklich Mühe, aber ich war einfach nicht in der Stimmung, ihm zu sagen, wie es mir wirklich ging. Er würde doch sowieso nicht verstehen, wie sehr ich Paul und Hanna vermisste oder wie man sich fühlte, wenn man das einzige Mädchen in der neunten Klasse war, das keine beste Freundin hatte. Außerdem wollte ich mir nicht wieder sein Gejammer über Pauls ruiniertes Leben anhören. Ein Vortrag über gute Noten und Karrierechancen war das Letzte, was ich jetzt gebrauchen konnte.

Deshalb war ich erleichtert, als er es schließlich aufgab und das Radio anmachte, auch wenn er sofort seinen geliebten Klassiksender einstellte. Er meinte es ja nur gut, aber er hatte leider die Angewohnheit, Lösungsvorschläge zu machen, bevor er sich überhaupt das Problem angehört hatte. Mit Mum war es immer viel einfacher zu reden. Sie hatte Verständnis dafür, dass man nicht immer kluge Ratschläge bekommen wollte, sondern manchmal einfach nur jemanden brauchte, der einem zuhörte und ein bisschen Mitgefühl zeigte.

Die restliche Fahrt starrte ich stumm aus dem Fenster.

»Weißt du was? Ich bin richtig froh, dass wir das machen«, sagte Dad, als wir in der Nähe vom Battersea Park parkten. »Ich wollte ja schon seit Ewigkeiten wieder einen Hund haben.«

Wir stiegen aus und schlenderten um die Ecke zum Eingang des Tierheims. Ich war erstaunt. »Wie jetzt? Das hab ich ja gar nicht gewusst. Hattest du denn schon mal einen?«

Dad nickte. »Als Junge, ja. Er war mein allerbester Freund. Ich war ja ein Einzelkind und deshalb war er mein ständiger Begleiter.«

»Wie hieß er denn?«

»Rex.«

»Und was ist mit ihm passiert?«

»Er ist gestorben, kurz nachdem ich zu Hause ausgezogen bin, um auf die Uni zu gehen. Ich war todtraurig und habe mich schuldig gefühlt, weil ich ihn zurückgelassen hatte. Aber deine Großmutter hat mich getröstet. Sie hat gesagt, seine Zeit sei einfach gekommen und er hätte mit dem Sterben absichtlich gewartet, bis ich weg war, weil er es mir nicht so schwer machen wollte.«

Inzwischen standen wir drinnen am Empfang, und Dad holte sein Geld heraus, um den Eintritt zu bezahlen. Ich schwöre, er hatte Tränen in den Augen, als er von Rex erzählte. Auf einmal sah ich Dad in einem ganz neuen Licht. Anscheinend war er ein richtiger Tierfreund.

»Das macht dann ein Pfund für Sie«, sagte die junge Frau am Empfang, »und fünfzig Pence für die junge Dame. Kommen Sie wegen einem Hund oder einer Katze?«

»Wegen einem Hund«, antwortete ich.

»Dann müssen Sie zuerst mit einem unserer Vermittler sprechen. Folgen Sie einfach den roten Pfotenabdrücken auf dem Boden und setzen Sie sich in den Warteraum. Ich schicke einen Mitarbeiter zu Ihnen, dem können Sie dann genau sagen, was für einen Hund Sie suchen. Die blauen Pfotenabdrücke führen in das Hinterhaus, in dem die Hunde untergebracht sind.«

Ich konnte es kaum erwarten und war unheimlich aufgeregt.

Dad ging es anscheinend ähnlich. Vom strengen *Mad-Dad* verwandelte er sich auf einmal in einen lächelnden *Smiley-Dad*.

Wir folgten den roten Pfotenabdrücken und setzten uns in das Wartezimmer, wo schon ein paar Leute saßen. Auf einem Plakat an der Wand stand, dass Hunde siebzig und Katzen vierzig Pfund kosteten. Kurz darauf kam ein Mann in einem roten Trainingsanzug herein und nahm uns in einen kleineren Raum mit, wo er uns Unmengen von Fragen stellte. Er erkundigte sich nach unseren Wohnverhältnissen und danach, ob wir einen Garten hatten und ob es Kleinkinder oder eine Katze in unserem Haushalt gab.

Ich fühlte mich wie bei einer Prüfung in der Schule und fand es lustig, mit anzusehen, wie sehr sich Dad anstrengen musste, um ihn davon zu überzeugen, dass wir vertrauenswürdige Hundehalter waren.

»Wissen Sie«, sagte der Mann, der allmählich freundlicher wurde, »wir wollen die Hunde in ein neues Zuhause vermitteln, in eine Familie, die sich wirklich gut um sie kümmert und in der sie für den Rest ihres Lebens glücklich sein können – deshalb stellen wir so viele Fragen. Viele der Hunde landen hier, weil ihre Halter sich nicht mehr um sie kümmern konnten oder es auch gar nicht wollten. Wir möchten es den Tieren unbedingt ersparen, so etwas ein zweites Mal durchmachen zu müssen.«

Dad nickte. »Das ist absolut verständlich. Aber ich kann Ihnen versichern, dass wir uns sehr liebevoll um den Hund kümmern werden, den wir heute vielleicht hier finden.«

»Na gut, dann lassen Sie uns mal zu den Hunden gehen«, sagte der Mann.

Wir standen auf und folgten ihm über den Hof zu einem zweiten Gebäude.

Der Bau erinnerte mich ein bisschen an ein Krankenhaus. Die verschiedenen Stockwerke und Flügel waren alle nach Londoner Straßen benannt. In der Oxford Street im Erdgeschoss befand sich die Tierklinik. In der Bond Street und in der Bow Street im ersten Stock waren nur Hunde und in der Baker Street im zweiten Stock Hunde und Katzen untergebracht. Ganz oben befand sich ein weiteres Stockwerk – Fleet Street und Pall Mall – mit Privaträumen.

»Da wären wir!« Der Mann öffnete die Tür zu einem Seitentrakt. »Ich verabschiede mich jetzt mal, damit Sie sich in Ruhe umsehen können. Lassen Sie sich Zeit. Wenn Sie sich für einen Hund entschieden haben, geben wir Ihnen Gelegenheit, sich gegenseitig zu beschnuppern, um festzustellen, ob Sie sich vertragen. Das Ganze dauert etwa fünfzehn Minuten. Und wenn alle Beteiligten glücklich sind, dürfen Sie ihn gleich mitnehmen.«

Als wir in den Gang traten, fielen mir sofort zwei Dinge auf: das Gebell und der Geruch. Er war nicht unangenehm, aber sehr durchdringend. Es roch nach feuchtem Hundefell und Hundefutter.

»Boah!« Ich rümpfte die Nase.

»Mhm, Aromatherapie nach Hundeart!« Dad lachte. Und dann blickten wir in die ersten hoffnungsvollen Augen, die uns hinter den Gitterstäben anblinzelten.

»Wie im Gefängnis«, sagte ich. Ein Jack Russell steckte eine Pfote zwischen den Gitterstäben hindurch und bellte freundlich zur Begrüßung.

Eine volle Stunde lang schlenderten wir durch die verschiedenen Abteilungen und Stockwerke und schauten uns bestimmt an die fünfzig Hunde an. Jeder hatte seinen eigenen kleinen Zwinger mit einer Decke, einem Wassernapf und einem Spielzeug darin. Eine weitere Tür führte in einen dahinter liegenden Korridor.

Es gab Hunde für jeden Geschmack: Collies, Beagles, Jack Russells, natürlich alle möglichen Promenadenmischungen und sogar einen Samoyeden, der wie ein riesiger Teddybär aussah. Dad erzählte mir, dass diese Rasse sehr selten sei. Neben jedem Zwinger hing an einem Klemmbrett ein Blatt mit näheren Angaben zu dem jeweiligen Hund: Rasse, Name, Alter, Herkunftsgeschichte, ob er sich mit Katzen oder kleinen Kindern vertrug, nur an erfahrene Hundehalter abzugeben war und so weiter. Bei einigen stand da auch, dass man sie nicht allein lassen konnte, weil sie dann anfingen, Sachen zu zernagen. Der allerletzte Satz klang immer so, als hätte der Hund ihn selbst geschrieben. »Ich bin ein treuer Freund« oder »Ich brauche sehr viel Zuwendung«. Bei einem stand: »Ich bin eine sehr majestätische Persönlichkeit.«

»Schau mal, das bist ja du, Dad!«, sagte ich, als ich das las. Wegen seiner Größe und seiner weißen Haare wirkte Dad nämlich auch ziemlich majestätisch.

Er lachte. Kurz darauf zeigte er auf den Zettel von einem anderen Hund und sagte: »Und der da klingt nach dir – *Ich habe einen großen Dickkopf und brauche eine strenge Hand.*«

Wir kamen am Zwinger eines kleinen schwarzen Mischlings namens Woodie vorbei, der alles tat, um auf sich aufmerksam zu machen. Er vollführte alle möglichen wahnwitzigen Kunststücke, sprang gegen die Wände, jagte im Kreis herum und richtete sich dann am Gitter auf den Hinterbeinen auf, als wollte er sagen: »Nehmt mich mit! Nehmt mich mit! Schaut doch mal, was ich alles Tolles kann ... Purzelbäume und Bocksprünge!! Nehmt mich mit!!!«

Eine alte braun-weiße Colliehündin, die aussah, als hätte sie eine schlecht sitzende Perücke auf, saß nur stumm da und sah uns mit flehendem Blick an.

»Oje, da blutet einem ja das Herz!« Dad las laut vor, was auf ihrem Zettel stand. »Sie heißt Kiki und ist schon dreizehn.«

Kiki steckte eine Pfote durch das Gitter, und obwohl ein großes Schild davor warnte, die Hunde anzufassen, griff Dad nach der Pfote und streichelte sie. »Hallo, altes Mädchen.« Ich schwöre, als er sich zu mir umdrehte, glänzten wieder Tränen in seinen Augen. »Armes Ding. Wahrscheinlich ist ihr Besitzer gestorben oder schwer krank geworden, sonst wäre sie sicher nicht hier, so alt, wie sie ist. Sie sieht aus, als hätte man sich gut um sie gekümmert. Trauriger Fall. Natürlich suchen die meisten Leute einen jungen Hund. Wenn sie lesen, dass Kiki schon dreizehn ist, sehen sie gleich nur die teuren Tierarztrechnungen vor sich.«

Mann, war das schwer, sich zu entscheiden! Am liebsten hätte ich alle Hunde mitgenommen. Sobald wir vor den Zwingern standen, wurden die Tiere munter und wedelten so freudig mit dem Schwanz, als wären Dad und ich ihre ältesten, besten Freunde. Ihr erwartungsvoller Blick sagte: »Na, endlich! Da seid ihr ja. Sekunde, ich pack nur schnell meine Sachen zusammen und dann können wir los.« Und wenn wir dann doch weitergingen, ließen sie den Schwanz hängen und schauten unendlich enttäuscht. »Kommt zurück! Wo wollt ihr denn hin? Ich dachte, ihr holt mich hier raus!«

»Können wir uns nicht einen Reisebus mieten, noch mal herkommen und alle Hunde mitnehmen und dann kaufen wir uns ein riesiges Haus auf dem Land und...«

»Glaub mir, das würde ich auch gerne machen«, versicherte mir Dad. »Aber wir können wirklich nur einen mitnehmen. Hast du dich denn schon entschieden?«

Ich schüttelte den Kopf. Es gab sechs, die ich besonders ins Herz geschlossen hatte. »Woodie, den Samoyeden, Kiki – die alte Colliehündin –, einen Mischling, der wie ein zerrupfter Teddybär aussah, einen wunderschönen schwarzen Schäferhund und einen frechen Jack Russell Terrier.

Ein paar kamen sowieso nicht infrage, weil sie aggressiv waren und keine Kinder und Jugendlichen mochten, andere – wie der Schäferhund – waren einfach zu kräftig für mich. Auch wenn ich Meisterin im Armdrücken war, würden sie mich trotzdem an der Leine glatt mit sich davonziehen.

Irgendwann bogen wir um eine Ecke, und da sah ich Mojo. Er saß still in seinem Zwinger. Ein mittelgroßer schwarzer Hund mit einem weißen Fleck über einem Auge. Er sah uns mit dem traurigsten Blick an, den ich je gesehen hatte. Ich musste sofort daran denken, wie ich mich gestern Abend gefühlt hatte. Traurig, einsam und so voller Sehnsucht nach einem Freund.

»Mojo ist vier Jahre alt und wurde als Streuner aufgegriffen«, war auf seinem Zettel zu lesen. »Er ist extrem gutmütig und mag Menschen. Mojo ist im Tierheim sehr unglücklich und würde sich freuen, so bald wie möglich ein liebevolles Zuhause zu finden.«

Mojo guckte mich an.
Ich guckte Dad an.
»Der soll's also sein?«, fragte Dad.
Ich nickte.

Auf der Heimfahrt hörten Dad und ich gar nicht mehr auf zu reden. Er erzählte mir, dass er eigentlich immer Tierarzt hatte werden wollen. Aber er hätte es nicht über das Herz bringen können, die Lieblinge anderer Leute einzuschläfern, was eben zum Beruf gehörte und manchmal unvermeidlich war.

Wir unterhielten uns sogar über Paul.

»Der kleine Kerl hier steigt wenigstens nicht in ein Flugzeug und setzt sich einfach ab«, sagte Dad mit Blick auf Mojo, der zufrieden auf der Rückbank saß und zum Fenster hinausschaute. »Im Gegensatz zu gewissen anderen Leuten.«

»Zum Beispiel Paul, meinst du?«

Dad nickte. »Hoffentlich geht es ihm gut, wo auch immer er gerade steckt. Klar, er ist erwachsen, aber ich mache mir trotzdem Sorgen. Ich weiß, dass du findest, ich sollte mich nicht so aufregen, aber ich kenne meinen Sohn nun mal, und Paul ist einfach oft sehr naiv. Schon als kleiner Junge war er ein Träumer. Er ist viel zu vertrauensselig... gerade auf Reisen muss man sehr aufpassen, dass man nicht übers Ohr gehauen wird.«

»Der kommt schon klar«, sagte ich. »Saskia ist ja auch noch da.«

»Saskia!«, Dad schnaubte. »Die ist doch genauso blauäugig wie er. Aber immerhin ist er nicht allein, da hast du schon Recht.«

Ich war richtig froh, mit Dad ins Tierheim gefahren zu sein. Jetzt hatte ich das Gefühl, ihn ein bisschen besser kennen gelernt zu haben. Und jetzt wusste ich auch, dass er Paul genauso sehr vermisste wie ich.

Sobald wir das Haus betraten, trabte Mojo schwanzwedelnd los und beschnupperte neugierig jede Ecke. Er war überglücklich, als Dad die Terrassentür öffnete und ihn in den Garten ließ. Sofort flitzte er hinaus und hielt die Nase schnüffelnd in die frische Luft, als könnte er gar nicht genug davon kriegen.

Mum beobachtete ihn vom Küchenfenster aus. »Ich glaube, es gefällt ihm bei uns.«

Während Mojo sich noch mit all den neuen Gerüchen vertraut machte, klingelte das Telefon.

»Ach, das ist bestimmt wieder diese Lucy. Sie hat schon ein paar Mal angerufen. Und eine Gina übrigens auch.«

Ich stürzte zum Telefon. Mum hatte Recht, es war Lucy.

»Noch mal zu Ginas Auftritt von gestern«, kam sie gleich zur Sache. »Sie wollte dich wirklich nicht beleidigen. Bitte denk jetzt nicht, dass sie findet, du würdest nicht gut aussehen. Im Gegenteil, sie glaubt, dass du mit deinen tollen Anlagen noch viel mehr aus dir machen kannst.«

Ich hatte den Zwischenfall von gestern schon völlig vergessen. Im Licht eines neuen Tages betrachtet, kam mir das alles auch gar nicht mehr so tragisch vor.

»Vielleicht bin ich in der Beziehung ein bisschen empfindlich«, gab ich zu. »Ich hab überreagiert.«

»Das kenne ich«, tröstete Lucy mich. »Meine Mutter sagt immer, nur wer den Schuh anhat, weiß, wo er drückt. Manchmal trifft man jemanden genau an seinem wunden Punkt und merkt es überhaupt nicht. Na ja, und Gina hat so eine etwas unglückliche Art, einem mit Nagelschuhen auf die Füße zu treten. Aber das meint sie nicht böse. Wir finden dich alle unheimlich nett und würden gern mit dir befreundet sein. Deshalb hat sich Gina bei Sams Vortrag ja auch neben dich gesetzt.«

»Wirklich? Ich dachte, das wäre Zufall gewesen.«

»Nein. Das hat sie gemacht, damit du nicht so allein sitzt.«

»Im Ernst?«

Wir unterhielten uns bestimmt noch zehn Minuten lang über alles Mögliche, ich erzählte ihr von Mojo, und wir machten aus, dass sie ihn sich bald anschauen kommen würde.

Nachdem ich aufgelegt hatte, blieb ich noch eine Weile nachdenklich stehen. Im Grunde war das Ganze ein riesengroßes Missverständnis gewesen, und Gina hatte es verdient, eine zweite Chance zu bekommen. Ich sah Mojo zu, der wie ein Wilder, mit heraushängender Zunge und wedelndem Schwanz, durchs Haus fegte und nichts mehr von dem Häufchen Elend an sich hatte, was wir im Tierheim gesehen hatten.

Mum hantierte in der Küche herum und hörte dabei laut Radio.
» What a difference a day makes – twenty-four little hours…«
Wie wahr, dachte ich und hörte mir den Text des alten Songs zum ersten Mal bewusst an. Nur vierundzwanzig Stunden waren vergangen und trotzdem sah die Welt plötzlich ganz anders aus. Vielleicht wurden wir ja alle doch noch gute Freundinnen.

Und dann ging ich endlich hinaus in den Garten, um das zu tun, was ich mir sehnlichst wünschte, seit ich Mojo zum ersten Mal gesehen hatte.

Ausgiebig mit ihm knuddeln.

Email: Posteingang (1)
Von: hannabannanna@fastmail.com
An: charliesangel@psnet.co.uk
Datum: 16. Juni
Betreff: Asta la Vista

Ola Bamboo-Baby,

vill, vill entsuldige, dass ick nick da war gestern. Slimm, slimm, dass du so traurig warst und ich war nicht da, um dich zu trösten. Aber Konfuzius sagt, alles löst sich auf. Besonders in Salzsäure. Har har.
Supertag gestern. War auf einer Party bei einer aus meiner Klasse. Sie ist auch neu, ist aber aus Johannesburg hergezogen (oder *Jo-Burg*, wie sie hier sagen). Ich könnte mir vorstellen, dass wir uns anfreunden. Sie heißt Rachel. Ich werde übrigens knackibrauni und schöni. Vielleicht ist es hier doch nicht so übel.

Rachel hat zwei neue Buchtitel für dich:
»Alles Käse« von M. N. Taler
»Ich spreche mit den Toten« von Jens Eits

Liebe Liebesgrüße
Hanna

Email: Postausgang (1)
Von: charliesangel@psnet.co.uk
An: hannabannanna@fastmail.com
Datum: 16. Juni
Betreff: Rätsel des Läbbäns

Du lebst! Gott sei Dank. Ich freu mich immer so, wenn eine Mail von dir da ist. Seit gestern hat sich alles um 180° gedreht. Ich bin total happy. Ich hab nämlich einen neuen, sehr behaarten Freund, der Mojo heißt und vier Beine hat. Er ist soooo süß. Mum hat mir sogar erlaubt, dass er bei mir im Zimmer schläft. Ich glaub, Dad ist neidisch. Er war total rührend heute im Tierheim. Ich hab gemerkt, dass ich ihn gar nicht so gut kenne, wie ich immer dachte. Er macht sich Sorgen um Paul, weil der eigentlich schon lange anrufen wollte, sich bis jetzt aber nicht gemeldet hat. Hoffentlich ist alles okay. Na ja, typisch Paul. Er hat's wahrscheinlich bloß vergessen.
Lucy hat angerufen und sich wegen Gina entschuldigt. Vielleicht wird doch noch alles gut, aber dich kann KEINE ersetzen, das ist klar. Ich freu mich, dass du Rachel kennen gelernt hast, weil ich nicht will, dass du einsam bist. Lucy hat mir erzählt,

dass ihr Bruder Steve mich nett findet und gesagt hat, man würde selten Mädchen kennen lernen, die intelligent sind und mit denen man reden kann. Bin mir nicht sicher, ob das ein Kompliment ist. Ich hab das Gefühl, dass alle Jungs in mir nur den Kumpeltyp sehen, dabei hätte ich schon gern irgendwann mal einen richtigen Freund … Vielleicht hat Gina doch Recht und ich brauch eine Verschönerungskur. Ich hab Mum schon gesagt, dass ich meinen Style verändern und mich ein bisschen trendiger und mädchenhafter anziehen will. Sie hat sich gefreut und versprochen, mir ein neues Kleid zu schenken. Scott war da, um sich Mojo anzuschauen. Mit Jessica ist schon wieder Schluss. Er sah supersüß aus und hat sehr nett mit Mojo gespielt.
Komische Sache, das Leben, was? Immer wenn man denkt, alles ist scheiße, ändert es sich schon wieder.

Ich vermisse dich,
Charlie

<u>Bücher</u>
»Bodybuilder – wie sie werden, was sie sind« von Anna Bolika
»Leckere Resteküche« von K. K. Lake

Email: Posteingang (1)
Von: paulwatts@worldnet.com
An: charliesangel@psnet.co.uk
Datum: 17. Juni
Betreff: Goa

Hey Charlie,

Goa ist der Hammer. Wir schlafen unter dem Sternenhimmel und schauen aufs Meer. Haben ein paar tolle Leute kennen gelernt (die meisten davon sind auch Backpacker – Engländer, Iren und viele Holländer) und die Inder sind sehr nett. Ich habe einen tollen Kristallstein gekauft. Wenn ich ihn in die Hand nehme, habe ich das Gefühl, dass total starke Lichtströme durch meine Schläfen, meine Stirn und mein Scheitelchakra pulsieren. Saskia kriegt davon nur Kopfschmerzen. Ich habe in letzter Zeit auch ziemlich abgedrehte, bewusstseinserweiternde Träume und glaub, dass der Quarzkristall mir echt gut tut.

Bleib, wie du bist!
Paul

PS: Bitte sag Mum und Dad, dass es mir gut geht. Ich hab versucht anzurufen, bin aber nicht durchgekommen. Leider hab ich dann vor ein paar Tagen mein Portmonee verloren, hab aber inzwischen schon einen Job in einem Café gefunden, also alles halb so schlimm. Kannst du Mum fragen, ob sie mir vielleicht ein bisschen Geld schickt? Ich zahl es auch garantiert zurück. Versprochen. Kein Wort zu Dad, ja? Saskia hat richtig fette Quaddeln von irgendwelchen Insektenstichen, vielleicht kann Mum uns auch ein paar pflanzliche Mittel schicken – Arnika, Apis, Citronella und Lavendelöl.

7. Kapitel

Die Pudelfresse des Monats

Am Montag litten wir in der Schule alle mal wieder unter akutem Albernheits-Syndrom. Die wahnsinnige Sommerhitze hatte wahrscheinlich unser Hirn weich gekocht.

In Chemie fing es schon an. Mr Dixon hatte uns in der vorherigen Stunde als Hausaufgabe aufgegeben, uns Gedanken darüber zu machen, wie man im Alltag Wasser sparen könnte.

»Also, dann lasst mal hören, was ihr euch überlegt habt«, forderte er uns auf.

»Duschen statt Baden«, sagte Lucy.

»Prima. Weitere Ideen?«

»Bei der Waschmaschine den Vorwaschgang weglassen, wenn die Sachen nicht so dreckig sind«, schlug ich vor.

»Auch gut. Hat noch jemand einen Einfall?«

Jade Wilcocks Hand schoss in die Höhe. »Wie wär's, wenn man das Wasser verdünnen würde?«

Mr Dixon schüttelte seufzend den Kopf, aber man sah ihm an, dass er sich nur mühsam das Lachen verkniff. »Dann gehen wir jetzt zum heutigen Thema über.« Er füllte ein Glasgefäß mit Schwefelsäure und ließ eine Münze hineinfallen. »Was meint ihr, wie lange es dauert, bis sich das Geld in der Schwefelsäure aufgelöst hat?«, wollte er wissen.

Gabby Jones meldete sich sofort. »In der Schwefelsäure löst sich die Münze bestimmt gar nicht auf«, behauptete sie.

»Sehr gut!«, lobte Mr Dixon. »Und wieso nicht?«

»Sonst hätten Sie doch nie im Leben Ihr eigenes Geld da reingeworfen.«

Genauso ging es in Bio weiter. Unsere Lehrerin hatte vorne das Skelett aufgestellt und ließ sich von Candice Carter die einzelnen Knochen benennen. Plötzlich beugte sich Candice vor, betrachtete mit zusammengekniffenen Augen den Oberschenkelknochen und sagte erstaunt: »Da steht eine Nummer drauf – FH 56489… Was bedeutet das denn?«

»Na was wohl? Das wird das Kennzeichen von dem Auto sein, das den Typen überfahren hat«, platzte Gina heraus.

Aber am lustigsten wurde es in Religion, wo die arme Miss Hartley mal wieder unter unserer grenzenlosen Witzigkeit zu leiden hatte.

»Kann mir jemand von euch sagen, wo Jesus geboren wurde?«, fragte sie.

Mo Harrison wusste es. »In Erkorn.‹«

»Wie kommst du denn darauf?«

»Na, es heißt doch immer: ›Uns ist ein Kindlein heut gebor'n, von einer Jungfrau aus Erkorn.‹«

Miss Hartley kniff die Lippen zusammen. »Candice, kannst du mir ein paar Städte nennen, die auch wirklich in der Bibel erwähnt werden?«

Candice nickte. »Na klar, Miss Hartley. Welche sollen es denn sein?«

Man sah unserer armen Lehrerin an, dass sie sich nur mit Mühe zusammenriss. »Na gut, wenn ihr heute so frech seid, konzentrieren wir uns eben auf die Wiederholung des alten Stoffs. Die Zehn Gebote und ihre Bedeutung im täglichen Leben. Kannst du mir ein Beispiel geben, Lucy?«

»Klar. Das achte Gebot zum Beispiel, das ist für Lehrer besonders wichtig: ›Du sollst nicht falsches Zeugnis geben.‹«

Wir krümmten uns alle vor Lachen, Miss Hartley war megasauer. Zur Strafe musste die gesamte Klasse mal wieder nachsitzen, aber das war es uns wert. Ich hatte schon lange nicht mehr so göttlich gelacht.

»Wie kommst du denn mit dem Schülerzeitungsprojekt voran?«, raunte Izzie mir zu, als wir während der Mittagspause im Klassenzimmer nachsitzen mussten.

»Geht so. Ich hab ein paar Ideen, aber jetzt muss ich auch endlich mal anfangen, sie umzusetzen.«

»Komm doch am Wochenende bei uns vorbei«, schlug Lucy vor. »Steve würde sich freuen, und ich bin mir sicher, dass er dir auch gern bei der Zeitung hilft. Und Izzie und Gina und ich helfen dir sowieso.«

Das Angebot klang verlockend. Die Beiträge sollten schon in zwei Wochen abgeliefert werden und die Konkurrenz war groß. Überall wurde geflüstert und beratschlagt.

»Ich könnte dir eine Seite mit Horoskopen machen«, erbot sich Izzie.

»Echt?« Ich war begeistert. »Das wäre super. Und ich hab mir überlegt, dass ich auch noch einen Artikel über das Tierheim in Battersea schreiben könnte.«

Ich zeigte Lucy und Izzie die Polaroids, die ich von Mojo gemacht hatte. Natürlich wurden die anderen neugierig und deshalb gab ich sie in der Klasse rum. Alle riefen gerührt »Oh« und »Ah«, bis Wendy Roberts die Bilder in die Pfoten bekam.

»Ach wie süß!«, sagte sie spöttisch. »Charlies neuer Freund. Hey, Charlie, einen Hübscheren hast du wohl nicht abgekriegt, was? Ich würde ihm mal vorschlagen, sich zu rasieren.«

Ein paar der Mädchen kicherten halbherzig, aber es klang eher ängstlich als belustigt. Wieso war Wendy so fies zu mir? Weil Sam Denham mich gelobt hatte und sie nicht? Oder weil sie eine schlechte Note bekommen hatte, nachdem sie Mathe von mir abgeschrieben hatte? Da konnte ich doch nichts dafür. Schließlich hatte ich ihr extra vorher gesagt, dass ich in Mathe nicht gut war. Ich hätte ihr gern irgendwas Schlagfertiges ins Gesicht geschleudert, um ihr zu zeigen, dass ihre Gemeinheiten mir gar nichts ausmachten, aber mir fiel leider nicht schnell genug etwas ein. Verdammt. Wieso herrschte in meinem Kopf immer dann gähnende Leere, wenn ich eine zündende Idee brauchte?

Nach dem Nachsitzen blieb uns noch zehn Minuten Zeit, um auf den Hof rauszugehen. Ich setzte mich in die Sonne und packte mein Sandwich aus. Nach einer Weile fiel mir auf, wie ein paar Mädchen aus meiner Klasse einen Zettel herumreichten, nervös zu mir rüberschauten und kicherten.

»Was gibt es da so zu lachen?«, fragte ich Izzie, als sie kam und sich neben mich setzte.

»Ach, Wendy mal wieder. Du weißt ja, dass sie auch gern Chefredakteurin werden will. Sie ist bloß neidisch…«

Lucy kam auch zu uns rüber. »Ignorier sie einfach«, riet sie mir. »Du willst gar nicht wissen, was sie sich jetzt schon wieder für eine Gemeinheit ausgedacht hat, Charlie. Die ist eine bemitleidenswerte, blöde Giftspritze, die du gar nicht beachten solltest.«

»Ich guck es mir trotzdem an.« Ich stand auf und ging auf die Mädchen zu, die um Wendy herumstanden und den Zettel hin und her reichten. Ich schaute Wendy über die Schulter. Sie hatte einen Hund gemalt und ihm meinen Kopf aufgeklebt, den sie aus dem Klassenfoto im letzten Rundbrief ausgeschnitten hatte. Darunter stand: »Pudelfresse des Monats«.

»Wie findest du's, Charlie?« Wendy kicherte. »Ich bin auf die Idee gekommen, als ich die Fotos von deinem Hund gesehen hab. Wir könnten in der neuen Schülerzeitung doch immer die ›Pudelfresse des Monats‹ küren. Was hältst du davon?«

Während ich noch nach einer Antwort suchte, sagte eine Stimme: »Weißt du was, Wendy? Wenn du noch ein bisschen dümmer wärst, müsste man dich täglich gießen.«

Gina war hinter mir aufgetaucht. Sie sah stinksauer aus, schnappte sich den Zettel und zerfetzte ihn zu Wendys Überraschung in lauter kleine Schnipsel. »Das ist überhaupt nicht witzig, Wendy. Und das weißt du auch. Das hat nichts mit Journalismus zu tun, das ist einfach nur fies. Komm, Charlie, steh nicht zu lang neben ihr rum, am Ende ist ihre Blödheit noch ansteckend.«

Obwohl ich genauso baff war wie Wendy, drehte ich mich um und ging mit Gina zu Izzie und Lucy zurück.

»Danke, Gina«, sagte ich. »Aber du musst mich echt nicht verteidigen. Mit Wendy Roberts komme ich schon selber klar.«

»Das weiß ich doch. Aber ich hab schon die ganze Zeit auf eine Chance gewartet, dir zu beweisen, dass ich auf deiner Seite stehe. Das von letzter Woche tut mir echt total Leid. Manchmal kommt bei mir alles verdreht raus.«

»Ja, aber eben gerade hast du genau das Richtige gesagt.« Ich strahlte. »Das war echt erstklassig, genau das, was ich ihr selber gern gesagt hätte.

»Gina verteidigt ihre Freundinnen wie eine Löwin. Das ist eine Supereigenschaft von ihr.« Lucy lachte. »Leider hat sie auch eine schlechte – und das ist ihre große Klappe.«

»Ich weiß aus eigener Erfahrung, wie es ist, wenn so eine fiese Zicke wie Wendy einen auf dem Kieker hat«, erzählte Gina.

»Aber wieso, frag ich mich? Ich hab ihr doch nie was getan.«

Gina winkte ab. »Das spielt bei solchen Leuten keine Rolle. Wahrscheinlich ist es der pure Neid.«

»Auf mich? Kann doch gar nicht sein.«

»Klar! Du siehst gut aus und hast was im Kopf«, rief Gina. »Das ist eine unschlagbare Kombi.«

Wow. Ich fühlte mich sehr geschmeichelt. Anscheinend fand sie mich doch nicht hässlich.

Wendy stand auf der anderen Seite des Hofs und beobachtete uns mit hasserfüllter Miene. Oje, dachte ich, hoffentlich war das nicht erst der Anfang.

Dann sah ich, wie Lucy, Izzie und Gina verächtlich zu ihr hinüberstarrten, als wären sie meine besten Freundinnen. Und diesmal *hoffte* ich, dass das erst der Anfang war.

Email: Postausgang (1)
Von: charliesangel@psnet.co.uk
An: hannabannnna@fastmail.com
Datum: 18. Juni
Betreff: nichviel

Liebe Ha,

Wetter ist traumhaft, wünschte, du wärst hier.

Charlie

Email: Posteingang (2)
Von: hannabannanna@fastmail.com
An: charliesangel@psnet.co.uk
Datum: 18. Juni
Betreff: auchnichviel

Liebste Charlie,

Wetter ist hier, wünschte, du wärst traumhaft. *kicherkicher* Muss los. Ins Kino. Autokino! Riesenumarmung und ha ha hasta la vista Baby.

Bücherkiste:
»Mühelos zum Millionär werden« von Roy Bär

Von: ginahotbabe@retro.co.uk
An: charliesangel@psnet.co.uk
Datum: 18. Juni
Betreff: freitagabendprogramm

hey lara croft,

hast du lust, freitag bei mir zu übernachten? iz und lucy kommen auch. wir machen eine pyjamaparty. gegen 7, ok?

gina

8. Kapitel

Die perfekte Pyjamaparty

»Charlie!«, rief Mum aufgeregt, als sie zur Haustür hereinkam. »Charlie, wo steckst du?«

»Hier oben!«, rief ich. Ich saß am Schreibtisch und brütete über meinem ersten Artikel für die Schülerzeitung. Bis jetzt hatte ich exakt ein einziges Wort hingeschrieben. Ahhhh! Es war Freitagabend, und ich hatte sowieso nur noch eine halbe Stunde Zeit, weil ich gleich zu Ginas Pyjamaparty wollte. Wir hatten uns ein hochkulturelles Abendprogramm vorgenommen. Erst die »Simpsons«, dann »Buffy« und »Angel«, danach »Friends« und zum Nachtisch »South Park«.

Mum kam mit einer großen Plastiktüte in der Hand ins Zimmer und ließ sich auf mein Bett plumpsen. Sie schien sehr mit sich zufrieden.

»Ich konnte nicht anders – ich musste es einfach gleich kaufen!« Sie holte ein in Seidenpapier eingeschlagenes Päckchen aus der Tüte und wickelte ein langes rostrotes, orange und braun geblümtes Kleid aus. »Na, wie findest du's?« Sie sah mich erwartungsvoll an.

Das erste Wort, das mir in den Sinn kam, war »potthässlich«, obwohl es wahrscheinlich ganz hübsch war, wenn man auf Vorhangstoffe stand.

»Mal was anderes«, sagte ich und war sehr stolz auf mein diplomatisches Geschick. Mum hat eher wenig Sinn für Mode und zieht sich meistens ziemlich langweilig an. Blumen sind sonst nicht ihr Ding. In die Praxis geht sie im Kostüm oder im Hosenanzug und am Wochenende läuft sie im Jogginganzug herum. Sich schick machen heißt für sie, sich ihre blaue Glasperlenkette umzuhängen. Ruhig auch zum Jogginganzug.

»Das Kleid ist doch nicht für mich, Dummchen.« Mum lachte. »Ich hab es für dich gekauft.«

Waaaaaaas? Bitte nicht! Ich hätte am liebsten geschrien. Das Teil war grausam!

»Ist es nicht wie ein Traum? Ich habe es in der kleinen Boutique gegenüber der Praxis entdeckt, und plötzlich fiel mir ein, dass du dich ja gern ein bisschen modischer anziehen willst. Ich habe dich der Verkäuferin im Laden beschrieben, und sie meinte, mit deinen braunen Haaren und Augen seist du eindeutig ein Herbsttyp, und Orangebraun wäre genau deine Farbe. Sie macht nämlich auch Farbberatung, weißt du.« Mum nahm sich kaum Zeit, Atem zu holen. »Das Kleid hat zwar ein kleines Vermögen gekostet, aber ich finde, es war an der Zeit, dass du mal was richtig Hübsches bekommst. Also, sag: Wie findest du es?«

Sie war so begeistert von ihrem Kauf, dass ich es nicht übers Herz brachte, sie zu enttäuschen. Aber lügen wollte ich auch nicht. »Ich weiß gar nicht, was ich sagen soll.«

»Ich wusste, dass es dir gefällt! Du kannst es ja heute Abend zu deinen Freundinnen anziehen. Probier es doch mal an, ja?«

Ich lächelte schwach und suchte fieberhaft nach einer Ausrede. Verdammt, ich saß in der Klemme.

Zehn Minuten später stand ich in meinem neuen Kleid in der Küche und spürte, wie meine Beklemmung sekündlich wuchs. Typisch, dass genau in diesem Moment Scott an die Hintertür hämmerte.

»Gun' Aaaaabend!«, rief er und bückte sich, um Mojo zu streicheln, der zur Begrüßung an ihm hochsprang. Erst dann sah er mich an. »Hilfe! Ist das schon dein Halloween-Kostüm?«

»Schsch!«, machte ich. »Mum ist oben. Sie hat es mir heute gekauft.«

»Wie? Zum Anziehen?«

»Nein, zum Einbrecherverjagen. Na klar zum Anziehen.«

Scott verzog das Gesicht. »Du siehst echt komisch aus. Wie die Mädchen aus ›Unsere kleine Farm‹.«

»Tausend Dank. Sag mir lieber, wie ich da jemals wieder rauskomme.«

Scott ging um mich herum, umfasste mich von hinten und schmiegte seine Wange an meinen Hals. »Keine Sorge, im Ausziehen von Mädchen bin ich echt gut.« Er streichelte mir über die Haare und spielte an dem Reißverschluss rum. »Nein wirklich, Miss Watts«, flüsterte er. »Dieses Ding ist einfach nicht Ihr Stil. Ich helfe Ihnen aus dem Sack und dann ziehen Sie sich etwas... Bequemeres an.«

Ich wurde knallrot und riss mich kichernd los. Mir war ganz schwummerig geworden, als er sich so an meinen Hals geschmiegt hatte. Ein schönes Gefühl. Hoffentlich hatte er nichts mitgekriegt.

»*Ichmüb...*«, stammelte ich los, holte dann aber tief Luft und guckte zu Boden, damit er nicht sah, wie rot ich war. »Ich übernachte heute bei einer neuen Freundin von mir und kann da auf keinen Fall so hin. Die denkt doch, ich leide an Geschmacksverirrung.«

»Welche neue Freundin?«

»Ach so.« Mir fiel ein, dass er Gina ja so toll fand. »Äh... Gina Williams.«

»Ist nicht wahr! *Gina?* Wieso hast du mir das nicht erzählt? Seit wann denn das? Hast du nicht neulich gesagt, dass sie hohl ist?«

»Tja, ich hab mich geirrt. Sie ist sogar sehr nett.«

Scott stieß triumphierend die Faust in die Luft. »Bitte, bitte, bitte versprich mir, ein gutes Wort für mich einzulegen. Oder noch besser – lad sie zu dir ein und dann komm ich zufällig vorbei und du machst uns bekannt, okay?«

Tja, das *könnte* ich machen, dachte ich, während Scott im Flur verschwand, um im Spiegel seine Gelfrisur zu überprüfen. Aber besser fände ich es, wenn sich ein Junge mal für *mich* so interessieren würde. Und wenn ich ganz ehrlich war, wünschte ich mir, dieser Junge wäre Scott.

Als es Zeit wurde zu gehen, hatte ich mir einen Plan zurechtgelegt.

Ich kam in Jogginganzug und Turnschuhen in die Küche, wo Mum gerade Paprika und Zwiebeln schnitt.

»Das Kleid zieh ich heute lieber nicht an, Mum. Ich geh noch bei Lucy vorbei und die haben zwei riesige Hunde. Labradore. Die haaren ganz schlimm, kauen auf allem rum, haben verdreckte Pfoten mit spitzen Krallen und springen immer an einem hoch. Die würden das Kleid gleich kaputt machen. Ich heb es mir lieber für eine besondere Gelegenheit auf, okay?« (Die besondere Gelegenheit, die ich im Sinn hatte, war der 5. November – Guy Fawkes Day – da könnte ich es der Strohpuppe anziehen, die auf dem Scheiterhaufen verbrannt wurde.)

»Mach das«, sagte Mum. »Aber es hat doch nichts damit zu tun, dass es dir nicht gefällt, oder?«

War das meine Rettung? Ich wollte gerade den Mund öffnen und schreien: Doch, genau das ist es! Ich finde es grauenhaft...

»Sie hatten es nämlich auch noch in Rosa da.«

Ah. Ahhhhhh. Ahhhhhhhrghhhhh.

Ein andermal, dachte ich, als ich zur Tür hechtete. Die Sache kläre ich ein andermal.

»Hast du deinen Schlafanzug mit?«, fragte Gina, die mir die Tür öffnete und selbst schon umgezogen war. Sie trug supersüße fliederblaue Shorts und ein dazu passendes Top, auf dem *Groovy Chick* stand.

Ich nickte. »Na klar.«

Gina führte mich ins Wohnzimmer. Die Wände waren rotbraun gestrichen, auf dem Boden lagen so türkische oder marokkanische Teppiche und die Einrichtung bestand aus englischen Antiquitäten und ultrabequem aussehenden braunen Sofas. Ich sah mich um und war schwer beeindruckt.

Izzie und Lucy hatten es sich schon für unseren Filmabend vor der Glotze gemütlich gemacht und winkten mir zu. Izzie hatte einen roten Flanellpyjama mit flauschigen Schafen darauf an und Lucys Schlafanzug war mit Sternchen und Monden übersät. Ich winkte zurück und hoffte, dass sie mir nicht ansahen, wie verunsichert ich plötzlich war. Die Wohnung war so schick. Hoffentlich fanden sie es bei uns zu Hause nicht total spießig – falls sie mich irgendwann mal besuchen kamen.

»Hier kannst du dich umziehen.« Gina öffnete die Tür zu einer kleinen Garderobe im Flur. »Außer uns ist keiner da. Tony übernachtet heute bei einem Freund und meine Eltern sind essen gegangen. Mum hat uns Geld für Pizza dagelassen. Ich ruf gleich beim Pizzaservice an. Was willst du denn haben?«

»Am liebsten Vier-Käse!« Ich zog die Tür hinter mir zu.

»Quattro formaggi!«, rief Gina durch die Tür. »Kommte soforte.«

Als ich meinen Schlafanzug aus der Tasche holte, fand ich ihn auf einmal total langweilig. Ein graues, unterhemdartiges Oberteil mit der dazu passenden Hose. Na ja, eben genauso langweilig wie ich, dachte ich, als ich ins Wohnzimmer zurückkam und mir ein Sitzkissen vor den Fernseher zog.

»Lasset die Spiele beginnen!«, rief Izzie und hielt mir eine Dose Pringles-Chips hin.

Als der Abspann von »South Park« lief und wir den Berg Chips, Pizza, Schokolade und Eis vernichtet hatten, wurde es erst richtig lustig. Gina schob eine Kassette in den Videorekorder, auf der sie eine Riverdance-Show aufgenommen hatte. Nachdem wir dazu eine Viertelstunde lang rumgehopst waren, bis unsere Socken qualmten, brachen wir auf dem Sofa zusammen und fingen an, über alles Mögliche zu reden – Musik, Klamotten, Zeitschriften, Schule, Horoskope und zuletzt auch über Jungs.

Während wir uns unterhielten, lackierten wir uns gegenseitig die Zehennägel. Gina und ich entschieden uns für ein dunkles Violett. Izzie bemalte Lucys Nägel hellblau und bekam selbst rote Zehen. Es schien niemanden zu stören, dass ich eigentlich fast nichts sagte. Ich lehnte mich einfach zurück und hörte zu.

Gina konnte unglaublich witzig erzählen und schien ganz schön viel Erfahrung zu haben. Sie hatte schon einige Freunde gehabt – mindestens acht, vielleicht auch mehr, ich kam da nicht so ganz mit – und war anscheinend eine richtige Küssexpertin.

Izzie war wahnsinnig nett und interessierte sich neben Astrologie außerdem noch für Homöopathie, gesunde Ernährung, Aromatherapie, Kristalle und Zauberei. Und dann sang sie auch noch mit ihrem Freund Ben in einer Band, die *King Noz* heißt. Sie sang uns ein Lied vor, das sie selbst geschrieben hat, und ich muss sagen: echt geniale Stimme.

Und dann Lucy. Lucy war echt süß und superlieb. Sie war ganz besorgt um mich, fragte immer wieder, ob ich auch genug zu essen und zu trinken habe und ob ich auch bequem sitze oder ob ich noch ein Kissen brauche.

Ich fühlte mich richtig in ihren Kreis aufgenommen. Tja, und da war es wohl unvermeidlich, dass die Scheinwerfer zum Schluss auch auf mich gerichtet wurden.

»Also, Charlie, jetzt bist du aber dran. Bist du zurzeit in irgendjemanden verliebt?«

Ich schüttelte den Kopf. »Eigentlich nicht.«

»Und wieso bist du dann eben so rot geworden?«, fragte Gina.

»Gina!«, entfuhr es Lucy.

»Was? *Waas?*«

»Dräng sie doch nicht so«, sagte Izzie.

Aber ich beschloss, damit rauszurücken. Die drei waren so offen zu mir gewesen, dass ich das Gefühl hatte, ihnen eine ehrliche Antwort schuldig zu sein.

»Na ja, man könnte schon sagen, dass es da jemanden gibt«, erzählte ich zögernd. »Ich kenne ihn schon mein ganzes Leben lang, aber er behandelt mich eigentlich eher wie einen seiner Kumpels als wie ein Mädchen.«

»Weiß er denn, dass du auf ihn stehst?«, fragte Lucy.

»Nein! Aber er will sowieso nichts von mir, sondern von *dir.*« Ich sah Gina an.

»Von mir?«

»Ja, er hat dich anscheinend ein paar Mal im Hollywood Bowl gesehen und jetzt soll ich bei dir ein gutes Wort für ihn einlegen.«

Gina guckte überrascht. »Wie heißt er denn?«

»Scott Harris.«

»Kenne ich nicht.« Sie winkte ab. »Außerdem hab ich schon einen Freund.«

»Ja, da hat sie einen richtig guten Fang gemacht.« Lucy kicherte.

»Einen gewissen Simon Peddington-Lee«, näselte Izzie schnöselig.

»Er ist auf dem Internat«, erzählte Gina. »Aber wir telefonieren fast jeden Tag oder simsen uns. In den Sommerferien kommt er nach London, das dauert ja nicht mehr lang. Und abgesehen davon nehme ich anderen Mädchen nicht die Freunde weg.«

»Er ist doch gar nicht mein Freund.«

»Noch nicht«, betonte Gina. »Aber du hast ihn zuerst gesehen, und in meinem Universum heißt das, dass er dir gehört, egal ob er es weiß oder nicht.«

»Sag ihm doch einfach, dass du ihn mehr als nett findest«, schlug Izzie vor.

»Neeein! Das kann ich nicht. Niemals. Ihr versteht das nicht. Das würde alles kaputt machen. Dadurch, dass ich Scott schon so lange kenne, ist er einer der wenigen Jungs, mit denen ich ganz normal reden kann. Wenn ich einen Jungen toll finde, verschlägt es mir nämlich normalerweise sofort die Sprache, und ich stammele nur noch.«

»Bei meinen Brüdern aber nicht«, warf Lucy ein.

»Ja, aber das war auch was anderes.«

»Ach verstehe, weil du nicht auf Steve stehst.«

»Nein. Na ja. Keine Ahnung. Darüber hab ich nicht nachgedacht. Bei euch zu Hause hab ich mich so wohl gefühlt, dass ich ganz vergessen hab, dass er ein Junge ist. Und ... wir waren irgendwie sofort auf derselben Wellenlänge. Ich hab ihn im Armdrücken besiegt und ab da war alles ganz locker.«

Lucy grinste. »Ja, so ein bisschen Körperkontakt bewirkt wahre Wunder.«

Ich beschloss, auch meine letzte Karte auf den Tisch zu legen. »Ach, ich bin in der Beziehung echt blöd. Ich kann einen Typen zwar karatemäßig problemlos zu Kleinholz verarbeiten, aber beim Gedanken daran, einen zu küssen, krieg ich die volle Panikattacke.«

»Aha...« Lucy nickte ernst. »Verstehe.«

»Du musst es wie Buffy machen«, riet mir Izzie. »Die knutscht im einen Moment mit Angel rum und im nächsten befördert sie mal schnell ein paar Vampire ins Jenseits. Das ist alles eine Frage des Gleichgewichts.«

»Ah ja, klar«, sagte ich und war verwirrter denn je.

Ich bemerkte, dass Gina fast platzte, weil sie irgendetwas sagen wollte. »Was ist?«, fragte ich.

Sie schüttelte den Kopf. »Nichts.« Aber ich sah genau, dass es ihr auf den Nägeln brannte.

»Red schon. Ich werd's überleben.«

»Nein. Nichts. Na ja, was wäre, wenn...? Ach, vergiss es...«

Izzie verdrehte die Augen. »O Mann, Gina. Spuck es schon aus.«

»Na ja...«, begann Gina. »Du müsstest Scott ja nicht sagen, dass du auf ihn stehst. Wir könnten ihn ja auch dazu bringen, dass er sich in dich verliebt.«

»Aha?« Ich sah sie an. »Und wie machen wir das?«

Ich wusste zwar ganz genau, was ihr vorschwebte, aber es machte mir Spaß, sie ein bisschen auf die Folter zu spannen.

»Ähm...« Sie schielte nervös zu Lucy rüber. »Das weiß ich auch nicht so genau.«

Ich beschloss, ihr zu helfen. »Du willst mich immer noch verschönern, stimmt's?«

»Nein!« Sie sah wieder zu Lucy rüber.

»Du findest also, ich seh aus wie eine alte Vogelscheuche, ja?«

»NEIN! Das hab ich nie gesagt!« Jetzt sah Gina richtig ängstlich aus. So klein Lucy auch ist, so groß ist der Respekt, den Gina vor ihr hat. »Echt nicht. Du siehst toll aus. Aber ... ja, okay, ich finde wirklich, dass du noch toller aussehen könntest. Es sind nur ein paar Kleinigkeiten. So. Und jetzt hasst du mich wahrscheinlich, obwohl ich doch bloß helfen will. Und Lucy macht mich wieder fertig, weil ich so eine große Klappe hab und total taktlos bin ...«

Ich lachte. »Ich wollte dich doch bloß ärgern. Du kannst gern versuchen, mich zu verschönern. Meine Mutter hat mir heute ein grottenhässliches Kleid geschenkt, und als ich mich darin im Spiegel angeschaut hab, ist mir klar geworden, dass ich wirklich Hilfe brauche. Die Verschönerungsaktion wird sicher lustig und ich kann sie gleich auch noch für die Schülerzeitung verwursten. Da fällt mir ein ... hat jemand was zu schreiben? Ich hatte nämlich noch eine Idee. Einen Pyjamaparty-Spezialreport.«

Gina holte mir Papier und einen Stift aus der Schublade des Sekretärs, der hinter der Couch stand. Dann kniete sie sich vor mich hin, nahm meinen Kopf in beide Hände und drehte ihn hin und her, um mich ausgiebig im Profil und von vorne zu betrachten. Dann klatschte sie in die Hände und flötete wie so ein schwuler Promifrisör: »Ich sag dir, Schätzchen, du wirst zum *Niiiiiiederknien* aussehen!«

Oje, dachte ich besorgt. Worauf hab ich mich da bloß eingelassen?

Gebrauchsanweisung: Pyjamaparty

Eine wirklich perfekte Pyjamaparty — oder kurz PyPa — zu organisieren, ist gar nicht so einfach. Damit eure nächste garantiert ein Erfolg wird, hat »U U« vier partyerfahrene Schülerinnen nach den besten Tipps und Tricks für eine Pyjamapartynacht der Superlative gefragt.

Die sechs ultimativen Zutaten:

1. Fressalien
2. Getränke
3. Videos
4. Musik
5. tonnenweise Schminkzeug
6. Zeitschriften

Wir haben unsere Spezialistinnen gefragt, wie für sie eine gelungene PyPa (Pyjamaparty) aussieht:

Izzie Foster. 14. Wassermann. Finchley, London

Liebste PyPa-Tätigkeit: tratschen & lästern, Musik hören, Süßigkeiten fressen
Lieblings-PyPa-Sound: Anastacia, Christina Aguilera

Lieblings-PyPa-Video:	Austin Powers 2. »Benimm dich, Baby!«
Lieblings-PyPa-Kost:	Schokokekse, Nachos
Lieblings-PyPa-Drink:	Holundersaft (gibt's im Bioladen)

Gina Williams. 14. Löwe. Highgate, London

Liebste PyPa-Tätigkeit:	tanzen, sich Problemseiten in Zeitschriften vorlesen, rumalbern, sich gegenseitig schminken
Lieblings-PyPa-Sound:	Destiny's Child, Craig David
Lieblings-PyPa-Video:	Charlie's Angels, Scream
Lieblings-PyPa-Kost:	Pizza mit extra Käse, Häagen Dazs
Lieblings-PyPa-Drink:	Cola

Lucy Lovering. 14. Zwilling. Muswell Hill, London

Liebste PyPa-Tätigkeit:	Über Jungs und Sex reden
Lieblingx-PyPa-Sound:	Robbbieeeee
Lieblings-PyPa-Video:	Titanic. »Ich bin der König der Welt!«
Lieblings-PyPa-Kost:	Chinesisch. Sehl leckel! Häagen Dazs Pecan-Nuss

Lieblings-PyPa-Drink: Heißer Kakao mit Marshmallows

Charlie Watts, 14, Schütze, Muswell Hill, London

Liebste PyPa-Tätigkeit: Chillen und sich totlachen
Lieblings-PyPa-Sound: Top of the Pops (Sommer-Mix)
Lieblings-PyPa-Video: South-Park-Weihnachtsspecial (mit Mr Hankey, dem Weihnachtskot)
Lieblings-PyPa-Kost: Burger + Pommes, Karamell-Popkorn
Lieblings-PyPa-Drink: Bananenshake mit Vanilleeis

9. Kapitel

American Pie

»Also Leute, hier ist der Aktionsplan«, verkündete Gina am nächsten Morgen, den Mund voller Toast. »Als Erstes gehen wir zu Charlie und durchsuchen ihren Kleiderschrank nach brauchbaren Sachen.«

Wir saßen – immer noch in unseren Pyjamas – in der Küche bei Toast und Milchkaffee an der Frühstückstheke.

Ob ich noch eine Chance hatte, mich aus diesem Aktionsplan auszuklinken? Nicht wegen der Verschönerung, nein, ich machte mir etwas Sorgen wegen Mr und Mrs Runzel. Die Eltern von Izzie, Lucy und Gina hatten alle ein normales Alter und die von Gina waren noch dazu richtig berühmt. Ich hatte sie am Morgen kennen gelernt, während ich darauf wartete, dass das Bad frei wurde. Ginas Mutter arbeitet als Nachrichtensprecherin beim Fernsehen und ihr Vater war Regisseur. Für Eltern sahen beide extrem cool aus.

Noch nervöser machte es mich aber, wie die Runzels wohl auf meine neuen Freundinnen reagieren würden. Vor allem Dad. Er verwandelte sich nämlich grundsätzlich schlagartig in den Furcht erregenden *Mad-Dad,* wenn er sich durch Lärm oder sonst etwas gestört fühlte. Als sonderlich gastfreundlich konnte man meine Eltern wirklich nicht bezeichnen. Ich war deshalb auch viel öfter bei Hanna zu Hause gewesen als umgekehrt. Dad wollte in seiner Freizeit seine Ruhe haben – je weniger Menschen er sah, desto lieber war es ihm. Solange er ungestört den Klassiksender im Radio hören konnte, war er glücklich. Ich hatte wirklich keine Lust, von ihm blamiert zu werden, indem er meinen neuen Freundinnen peinliche Fragen à la »Wann fährt denn euer nächster Bus nach Hause?« stellte.

Deshalb hielt ich es für klüger, sie vorzuwarnen.

»Ich muss euch noch was zu meinen Eltern... äh... meinem Vater sagen. Wisst ihr, er ist...« Ich erklärte ihnen die Lage.

»Das kenne ich von zu Hause«, beruhigte mich Izzie. »Meine Mutter ist auch nicht gerade begeistert, wenn Freundinnen von mir da sind. Manche Eltern sind eben schwierig. Bei Lucy und bei Gina ist es total entspannt, weil nicht ständig jemand rumrennt und einem hinterherräumt.«

»Kein Problem, Charlie«, sagte Gina. »Wir werden uns wie ruhige, wohl erzogene Mädchen benehmen.«

»Sittsam und bescheiden«, ergänzte Izzie.

»Und *sehr* erwachsen«, sagte Lucy.

Ich atmete erleichtert auf. Es würde bestimmt alles gut gehen.

Auf einmal ging die Tür auf und Leonardo DiCaprios jüngerer italienischer Bruder kam herein. Der Typ sah *richtig* gut aus.

Gina bestätigte meine erste Vermutung. »Charlie, das ist mein Bruder Tony.«

»Hi, Charlie«, begrüßte mich der Halbgott.

»Hallo, Tony«, sagte eine freundliche Stimme in meinem Kopf, aus meinem Mund drang allerdings nur ein: »*Ahallu.*« Neeein, bitte nicht! Noola vom Planeten Zorg hatte wieder von mir Besitz ergriffen.

Tony guckte auf das Croissant, von dem ich gerade abbeißen wollte, sah mir forsch in die Augen und lächelte hinreißend. »Sag mal, Charlie, was essen Jungfrauen eigentlich zum Frühstück?«

»*Weiß nicht*«, presste ich heraus und guckte beschämt zu Boden. »Das dachte ich mir.« Er brach in Gelächter aus.

»Ignorier ihn, er ist ein Idiot«, sagte Gina und fragte: »Wunderst du dich eigentlich nicht?«

»Worüber denn?«

»Na, wie es sein kann, dass Tony mein Bruder ist.«

»Nö.«

»Und wieso nicht?«, fragte Gina. »Das fragen mich alle immer als Erstes. Er ist hell und ich dunkel. Wie erklärst du dir das?«

»Ist doch klar«, sagte ich. »Derselbe Vater, zwei verschiedene Mütter.«

»Hmm.« Gina sah beeindruckt aus. »Du bist ein schlaues Kind.«

»Eigentlich nicht«, sagte die Stimme in meinem Kopf. »Heute Morgen hab ich nämlich deine Eltern kennen gelernt. Ich weiß, dass deine Mutter aus Jamaika kommt und dein Vater aus Italien. Tony sieht aus wie dein Vater, also muss er wohl eine andere Mutter haben. Ganz einfach, lieber Watkins.« Aber Noola, die Außerirdische, machte nicht viele Worte, deshalb kam nur ein »Öh« aus meinem Mund, was nicht besonders schlau klang. Wieso verschlug es mir immer die Sprache, sobald ein süßer Typ im Umkreis war?

»Meine Mutter ist gestorben, als ich noch ganz klein war. Ich war erst sechs Monate alt.« Tony kam auf mich zu und legte mir seinen Kopf auf die Schulter. »Ich bin Waise. Ein verwaister junger Prinz, der viel liebevolle Zuwendung braucht.«

»Öhahaja«, stammelte ich und konnte nur hoffen, dass Tony aus irgendeinem kosmischen Zufall auch Zorganesisch sprach.

Lucy beobachtete mich und Tony stirnrunzelnd. Hmmm. Irgendwas war da im Busch. Ich nahm mir vor, sie später danach zu fragen.

Tony ging zum Kühlschrank und riss die Tür auf. »Was haben wir denn Gutes zu essen da?« Er nahm einen Teller mit einem halb aufgegessenen, gedeckten Apfelkuchen heraus, stellte ihn auf die Theke und schnitt sich ein Riesenstück ab. »Mhmm, *Apple Pie*!«

»Was, eiskalt, zum Frühstück?« Iz zog die Augenbrauen hoch. »Kotz.«

Er drehte sich grinsend um. »Wäre es dir lieber, wenn ich ihn nicht essen, sondern was anderes damit machen würde?«

»Was denn?«, fragte Izzie.

»Hast du ›American Pie‹ etwa nicht gesehen?«

»Doch.« Izzie verzog angeekelt das Gesicht. »Boah, widerlich. Doppelkotz!«

»Worum geht es denn da?«, wollte ich wissen.

Gina sah Tony müde an und seufzte. »Bitte entschuldige meinen perversen Bruder, Charlie. In ›American Pie‹ will ein Typ wissen, wie es ist, mit einer Frau zu schlafen, und sein Kumpel sagt, das ist so, als würdest du dein Ding in einen warmen Apple Pie stecken.«

Natürlich guckte mich Tony interessiert an und ich lief prompt knallrot an.

»Anscheinend hat es in Australien einer ausprobiert.« Lucy rutschte von ihrem Hocker und füllte neues Wasser in den Wasserkocher. »Das hat Steve aus der Zeitung. Dummerweise hat der Typ nicht gewartet, bis der Pie abgekühlt war, und musste mit schlimmen Verbrennungen ins Krankenhaus.«

»Aaaauuuuuaaaaa!!!« Tony legte beide Hände schützend über seine empfindlichen Weichteile, während wir uns vor Lachen krümmten. »Ich möchte wissen, wie er *das* den Ärzten erklärt hat.«

Lucy betrachtete den Apfelkuchen und ein böses Glitzern trat in ihre Augen. »Soll ich ihn dir vielleicht warm machen, Tony?«, fragte sie ihn zuckersüß. »Ich könnte ihn kurz in die Mikrowelle stellen. Auf höchster Stufe.«

Tony ging zu ihr und legte ihr einen Arm um die Schultern. »Wie geht es denn der Liebe meines Lebens heute?«

»Keine Ahnung? Wie geht es ihr denn?«, erwiderte Lucy und schüttelte seinen Arm ab.

»Du weißt doch genau, dass du mich willst«, säuselte Tony.

Lucy ging aus der Küche. »Mhm, klar. Ich muss sogar schnell aus dem Zimmer gehen, um nicht über dich herzufallen. Träum schön weiter.«

»Diese Frau macht mich verrückt...« Tony sah ihr seufzend hinterher. »Was habt ihr heute noch so vor?«

»Vorher-Nachher Verschönerungs-Show«, sagte Gina.

»Und wer ist die Patientin?«

Gina guckte mich an, ich guckte zu Boden.

Tony sah mich an. »Wow, machst du das meinetwegen? Hey, das ist doch nicht nötig...«

»Geh mal zu Mum, Tony«, unterbrach ihn Gina. »Es ist Zeit für deine Medizin.«

»Was war das denn vorhin?«, fragte ich Lucy, als wir kurz darauf im Bus saßen. »Du weißt schon, mit Tony.«

Lucy zuckte mit den Schultern. »Wir waren mal kurz zusammen. Dann haben wir Schluss gemacht. Plötzlich waren wir doch wieder zusammen, und wo wir im Moment stehen, weiß ich selbst nicht so genau.«

»Wir stehen nicht, wir *fahren* – und zwar durch Muswell Hill.« Gina kicherte.

»Tony ist total heiß auf dich«, sagte Izzie.

»Das ist ja gerade das Problem«, seufzte Lucy. »Wir verstehen uns echt super, aber dann ist es immer wieder dasselbe.« Sie hob die Hände und wackelte mit den Fingern. »Grabschkrallen-Alarm. Mir geht das einfach viel zu schnell. Ich will, dass es etwas ganz Besonderes ist, wenn ich mit einem Jungen mehr mache als nur küssen. Ich will es nicht bloß deswegen machen, weil ich Angst habe, er könnte sich sonst eine suchen, die da vielleicht lockerer drauf ist, weißt du?«

Ich nickte. Nein. Ich wusste gar nichts. Ich hatte ja noch nicht einmal einen Jungen geküsst.

»Und du hast ja selbst gesehen, wie er ist«, fuhr Lucy fort. »Wie er gleich mit dir geflirtet hat.«

»Aber ich würde nie…«, begann ich. »Ich würde nie… also, ich meine, er sieht super aus, klar, aber…«

»Ach, kein Problem, Charlie. So ist er eben. Das ist noch so ein Grund, wieso ich kein gutes Gefühl hab. Ich vertrau ihm einfach nicht.«

»Aber ich könnte dir sowieso nicht gefährlich werden. Du hast ja mitgekriegt, wie ich mich blamiert habe. So ist das jedes Mal, wenn mich ein süßer Junge anspricht. Ich hab es euch ja erzählt. Ich werde zur kompletten Vollidiotin. Kennt ihr dieses Buch? ›Männer sind vom Mars, Frauen sind von der Venus‹? Ich sollte auch eins schreiben: ›Männer sind vom Mars, Frauen von der Venus, und Mädchen vom Planeten Zorg.‹«

Lucy nickte. »Coole Idee.«

»Es ist total bescheuert«, erzählte ich. »Obwohl ich später mal Schriftstellerin werden will, hab ich totale Probleme, die richtigen Worte zu finden. Wieso fallen mir die schlagfertigen Antworten immer erst abends im Bett ein?«

»Aber das ist doch gut«, tröstete Izzie mich. »Das heißt, dass dein Unterbewusstsein weiter daran arbeitet. Mit meinen Liedertexten geht es mir genauso. Man muss die Wörter abwägen und mit ihnen spielen, bis man die richtige Formulierung gefunden hat. Das kann dauern und manchmal kommt einem die perfekte Idee erst mitten in der Nacht. Ich würde sagen, das ist ein Zeichen dafür, dass du wirklich das Zeug hast, Schriftstellerin zu werden.«

»Und wenn du vom Planeten Zorg kommst«, mischte sich Lucy ein, »kannst du dich ja auf Science Fiction spezialisieren.«

Ich zwickte sie lachend in den Unterarm. »Ich wünschte, ich wäre ein bisschen mehr wie Gina und könnte immer einen guten Spruch raushauen, der alle zum Schweigen bringt.«

»Und wir wünschen uns alle, sie wäre ein bisschen mehr wie du«, sagte Lucy grinsend, »und würde öfter mal nachdenken, bevor sie ihre große Klappe aufreißt.«

Gina guckte schuldbewusst. »Tja, Fettnäpfe ziehen mich irgendwie magisch an.«

»Ich freu mich schon!«, sagte Lucy, als wir vor unserem Haus standen. »Endlich lerne ich den Mann deines Herzens kennen.«

»Wen? Scott?« Ich sah zu seinem Fenster hinauf, ob er uns womöglich beobachtet hatte. »Der ist samstags eigentlich immer unterwegs.«

»Quatsch! Doch nicht Scott!« Lucy deutete auf das schmale, hohe Fenster neben der Tür, an dem sich jemand die Schnauze platt drückte. »Mojo natürlich.«

Ich schloss lachend die Tür auf und wurde fast umgeworfen, weil er mich so stürmisch begrüßte.

»Ich war doch nur eine Nacht weg!«, sagte ich, während er mir übers Gesicht leckte, danach aufgeregt die Mädchen beschnupperte und sich schließlich auf den Rücken warf und schwanzwedelnd herumwälzte.

Nachdem wir ihn alle ausgiebig gestreichelt und bewundert hatten, gingen wir in mein Zimmer.

»Supergarten!« Gina sah zum Fenster hinaus. »Der ist ja riesig. Wow, und ihr habt eine Hängematte. Wie cool. Aber ich glaub, ihr habt Besuch. Sieht aus, als wären deine Großeltern da.«

Ich ging zum Fenster.

»Äh... nein«, sagte ich, als ich mich wieder umdrehte. »Das sind meine Eltern.«

Ich sah Gina an, dass sie am liebsten im Erdboden versunken wäre.

»Mum war schon ziemlich alt, als sie mich bekommen hat. Mitte vierzig.«

»Oh – genau wie die Frau von Tony Blair!«, sagte Izzie und ging zum Fenster, um auch rauszusehen.

»Nein!«, widersprach Gina. »Genau wie Madonna, und die ist ja wohl viel cooler als Cherie Blair. So, und jetzt zeig uns mal deinen Kleiderschrank.«

Das war's. Kein Problem. *Genau wie Madonna – und jetzt zeig uns deinen Schrank.* Ich hätte mir gar keine Sorgen machen müssen.

»Ich hoffe, du bist jetzt nicht sauer.« Gina hielt eine ausgeleierte Jogginghose hoch und warf sie auf den Haufen mit den ausgemusterten Klamotten. »Du weißt schon. Weil ich sie für deine Großeltern gehalten hab.«

»Quatsch. Sie sind ja auch schon alt. Ich nenne sie selbst immer Mr und Mrs Runzel.«

»Ich hab meinen Stiefvater früher immer ›den Untermieter‹ genannt, als er bei uns eingezogen ist«, erzählte Izzie und kuschelte sich neben Mojo aufs Bett. »Jetzt kommen wir besser miteinander klar, aber am Anfang konnte ich ihn echt nicht ausstehen. Allein die Vorstellung, dass er mit meiner Mum im selben Bett liegt und ... ihr wisst schon ... uahhh.«

»Äh, hallo!«, mischte sich Lucy ein. »Wenn jemand problematische Eltern hat, dann ja wohl ich! Womit hab ich diese durchgeknallten Hippie-Eltern verdient? Wieso können sie nicht ganz normal sein? Manchmal sind sie mir richtig peinlich.«

»Mein Bruder ist auch ein Hippie. Wenn er wieder von seiner Weltreise zurück ist, kann ich ihn ja mal mit deinen Eltern zusammenbringen.«

»Au ja!« Lucy nickte begeistert. »Dann können sie Sojamilchpartys schmeißen und über Veganer-Schuhe diskutieren.«

»Was für Schuhe?«, fragte ich erstaunt.

»Für Veganer. Aus Kunststoff statt aus Leder. Dad verkauft sie im Laden.«

»Also ich finde deine Eltern voll super«, verteidigte Izzie sie. »Ich hab sie echt gern.«

»Kein Wunder, du bist ja selbst auch total daneben«, sagte Lucy.

Izzie warf zur Rache mit einem Kissen nach ihr.

Gina schnappte sich auch gleich eins und zog den beiden damit eins über den Kopf. »*Benehmt euch, Babys!*«, sagte sie, als wäre sie Austin Powers.

Izzie und Lucy bewaffneten sich mit Kissen und machten sich über sie her. Ich wollte nicht untätig rumstehen, griff mir auch eins und stürzte mich ins Getümmel.

Es war zum Schreien. Sogar Mojo machte mit. Er sprang total aufgeregt an uns hoch und bellte sich die Lunge aus dem Leib.

Fünf Minuten später lag Lucy bäuchlings auf dem Boden und Izzie kniete über ihr und kitzelte sie unter den Achseln.

»Tue Buße! Tue Buße! Sag, dass ich die un-danebenste aller Undanebenen dieser Welt bin! Nein, des *Universums!*«

»Niemals!«, schrie Lucy in den Teppich.

Während die beiden miteinander rangelten, benutzten Gina und ich mein Bett als Trampolinersatz.

»Ich bin Xena – Prinzessin und Kriegerin!«, brüllte Gina, sprang hoch in die Luft und knallte mir ein Kissen auf den Kopf.

»Und ich bin Buffy, die Vampirjägerin«, kreischte ich und schlug sie mit meinem Kissen in die Kniekehlen. »Stirb, du lächerliche Amazone!«

Da riss jemand die Schlafzimmertür auf. »Himmelherrgott – was soll der Krach!«, brüllte Dad. »Man könnte denken, hier wird jemand ermordet.«

Wir blieben alle wie vom Donner gerührt stehen, als würden wir »Wer hat Angst vor dem schwarzen Mann?« spielen.

Dad hatte sich eindeutig in *Mad-Dad* verwandelt. Hoffentlich machte er uns jetzt keine Szene.

»Seid ihr nicht ein bisschen alt für solche Kindereien?«, fragte er.

Gina und ich stiegen vom Bett und Lucy und Izzie rappelten sich vom Boden auf. Wir standen nebeneinander in einer Reihe, guckten zerknirscht und wussten nicht, was wir tun sollten. Lucy starrte auf den Boden, Izzie lächelte meinen Vater ziemlich dämlich an und Gina betrachtete ihre Nägel – und tat so, als sei er gar nicht da.

Auf einmal bemerkte ich, wie Lucys Schultern vor unterdrücktem Lachen bebten. Sofort musste ich kichern. Dann Izzie. Und Gina. Zuletzt brachen wir alle in hysterisches Gelächter aus.

Dad verdrehte die Augen. »Du bist vierzehn, Charlie. Wird es nicht langsam Zeit, dass du dich wie eine junge Dame benimmst?«

Ich nickte heftig, aber gleichzeitig liefen mir die Lachtränen übers Gesicht.

»Ich fahre jetzt in den Club. Da habe ich wenigstens meine Ruhe.« Dad drehte sich um und schlug die Tür hinter sich zu.

»Ups!« Ich begann wieder zu kichern. »Iz. Lucy. Gina – darf ich euch meinen Vater vorstellen. Oje...«

»Tut mir so Leid«, sagte Gina. Sie nahm einen meiner BHs von dem Haufen frisch gebügelter Wäsche auf meinem Schreibtisch und zog ihn über dem T-Shirt an. »Ich würde sagen, wir müssen noch etwas an unserem damenhaften Auftreten arbeiten, was?«, sagte sie und reckte die Brüste vor.

Ich nickte. »Wir müssen dringend gesitteter und artiger werden«, sagte ich und zog mir einen Slip über den Kopf.

»Und thehr, thehr reif und erwakthn«, lispelte Lucy mit Babystimme, sprang auf mein Bett und hüpfte, so hoch sie konnte.

Email: Posteingang (4)
Von: hannabannanna@fastmail.com
An: charliesangel@psnet.co.uk
Datum: 22. Juni
Betreff: zuckerjunge aus kapstadt

Mambo Bandana-Baby,

War supersuperviel unterwegs. Gestern mal wieder beim Barbie. Habe Neuigkeiten. Ich hab einen Jungen kennen gelernt, und ich glaube, es könnte sein, dass er der RICHTIGE ist. Vielleicht muss ich dich sogar anrufen, um ausgiebig blabla zu machen. Er ist sooooo süß. Ein gebräunter Adonis. Er heißt Luke. Wir haben lecker gegessen und uns fabulös unterhalten.

Ha xxx

PS: Luke (*schwärmschwärm*) hat einen neuen Buchtitel für dich:

»Richtig Verführen« von Rosa Schlüpfer

An: charliesangel@psnet.co.uk
Von: hannabannanna@fstmail.com
Datum: 22. Juni
Betreff: Mad-Dad

Wo bist du? Hab angerufen, aber Mad-Dad hat gesagt, dass du bei einer Freundin übernachtest. Dann hat er streng gefragt, ob meine Eltern wissen, dass ich »ein Ferngespräch führe«. Traue mich nicht noch mal anzurufen. Mail mir bitte sofort, wenn du wieder da bist. Ich hab soooooooooo viel zu erzählen.

Ha xxx

An: charliesangel@psnet.co.uk
Von: hannabannanna@fstmail.com
Datum: 23. Juni
Betreff: Achtung, Achtung! Gesucht wird Charlie Watts!

Okay. Jetze isse aba keine witze mehre, si? Ou est du? Ou, ou OU?

Ha xxx

Von: paulwatts@worldnet.com
An: charliesangel@psnet.co.uk
Datum: 23. Juni
Betreff: Goa

Hey Schwesterlein,

Hoffentlich ist bei euch alles klar und Mad-Dad macht dir das Leben nicht zu schwer. Goa ist genial. Habe einen Guru kennen gelernt, der erstaunlicherweise gar nicht aus Indien kommt, sondern aus Nottingham. Er hat alle meine Chakren revitalisiert, und ich fühle richtig, wie es in meinem Stirnchakra pulsiert!
Ich habe außerdem eine zweitägige Meditationssession mit ihm gemacht. Tolle Gruppe. Alles wunderbar. Märchenlandschaft und traumhafte Sonnenuntergänge. Freundliche Menschen.

Leider hat Saskia Amöbenruhr bekommen. Halt die Ohren steif und bleib wahrhaftig!

Paul

PS: Kann Mum mir bitte einen neuen Pass besorgen und schicken? Meiner ist mir vor ein paar Tagen geklaut worden, als ich am Strand übernachtet hab. Danke. Außerdem bräuchte ich dringend Pfefferminzöl, Sulphur- und Pulsatilla-Globuli (du weißt schon, das homöopathische Zeug) gegen Durchfall.

Email: Postausgang (1)
Von: charliesangel@psnet.co.uk
An: hannabannnana@fastmail.com
Datum: 23. Juni
Betreff: Freitagabend

Hey Ha!

Super, das mit Luke. Ich freu mich für dich. Mehr Infos, bitte!! Größe. Aussehen. Schon geküsst? Welche Note auf der Kussskala von eins bis zehn? Etc. usw.
War voll lustig auf der Pyjamaparty bei Gina mit Izzie und Lucy. Ginas Bruder ist superhübsch, aber mehr oder weniger in festen Händen. In Lucys nämlich. Aber er hat anscheinend die Fummelitis, was laut Gina eine Krankheit ist, die unter Jungs sehr verbreitet ist. Sie macht ein Vorher-Nachher-Verschönerungsspecial mit mir für meine Schülerzeitung. Alle drei waren

bei mir, um meinen Kleiderschrank zu begutachten, konnten aber nichts Gutes finden. Quelle surprise. Ach ja, Mum hat mir das wahrscheinlich hässlichste Kleid der Welt gekauft. Lucy hat gesagt, ich soll ihr ehrlich sagen, wie grässlich ich es finde. Das hab ich, und Mum hat mir den Kassenbon gegeben. Jetzt kann ich es umtauschen. Juhu!!! Nach der Schrankdurchsuchung sind wir in den Garten, weil hier im Moment die volle Hitzewelle herrscht. Es war total entspannt, weil Mad-Dad im Club war, um SEINE RUHE ZU HABEN. (Er hat uns vorher zusammengeschissen, weil wir ziemlich albern rumgetobt haben und ein bisschen laut waren. Na ja, du kennst ihn ja). Gina hat sich in die Hängematte gelegt und ein paar Sekunden später kam auch schon Scott angerannt. Er ist mit einer Blume in der Hand über den Zaun gesprungen, um sie zu beeindrucken, hat sie aber so erschreckt, dass sie glatt aus der Hängematte gefallen ist. Mojo hat sich natürlich gleich auf sie gestürzt, weil er dachte, sie will spielen. War sehr witzig. Scott hat Gina total angehimmelt. Ich war ein bisschen eifersüchtig, obwohl ich weiß, dass sie einen Freund hat, und obwohl sie gesagt hat, dass Scott nicht ihr Typ ist. Trotzdem – ich möchte auch mal so angehimmelt werden! Ich glaub, ich bin die Einzige in unserer Klasse, die noch gar keine Kusserfahrung hat. Vielleicht finde ich nie einen Freund. Vielleicht mögen Jungs mich einfach nicht.

Charlie

Email: Posteingang (1)
An: charliesangel@psnet.co.uk
Von: hannabannanna@fastmail.com
Datum: 23. Juni
Betreff: Du redest manchmal echt einen Stuss!

Mensch, Charlie!

Du bist nicht das einzige Mädchen ohne Kusserfahrung in der Klasse. Ich weiß zufälligerweise ganz genau, dass Joanne Richards und Mo Harrison auch noch nie jemanden geküsst haben, und falls Mo nicht was gegen ihren Mundgeruch tut, wird es so bald auch nicht dazu kommen.
Luke: Mindestens 1,80 groß. Blond. Körper wie ein junger Gott.
Geküsst: Ja. Mit Zunge und allem! (er ist eben unwiderstehlich)
Bewertung: 9 von 10. Aber mit ein bisschen mehr Übung wird es auch noch eine 10.
Ich finde es toll, dass ihr diese Vorher-Nachher-Sache macht. Du siehst total toll aus, aber du könntest mehr aus dir machen. Das hab ich dir auch immer gesagt. Die drei Mädels scheinen echt cool zu sein. Ich hab schon immer gedacht, dass es nett wäre, mit ihnen befreundet zu sein.

Tschü-hüüüüüs,
Hanna, die südafrikanische Liebesgöttin

Bücher: Sammelst du überhaupt noch?
»Ich und mein Sparbuch« von Reiner Lös

10. Kapitel

Spieglein, Spieglein an der Wand

»Das wird nichts«, stöhnte ich mit wachsender Verzweiflung. »Es ist hoffnungslos. Ich bin die hässliche Hässelina aus Hässlingtown.«

»*Cara mia,* beruhige diche! Roma wurde auche niche in eine Tage erbaute«, sagte Gina, die sich mit der Bürste durch meine Haare kämpfte.

»Genau. Und die dunkelste Stunde ist immer die vor dem Sonnenaufgang«, belehrte Lucy mich. Sie kniete neben mir auf dem Boden und lackierte mir die Nägel.

»Wer's glaubt.« Ich betrachtete mich düster im Spiegel, der in Ginas Zimmer hing. Mein Haar war eine einzige verfilzte Matte, mein Gesicht mit einer Aloe-Vera-Gesichtsmaske zugekleistert, die mich wie einen Zombie aussehen ließ, und darunter blühte auf meinem Kinn ein Monsterpickel, der jede Sekunde zu platzen drohte.

»Weißt du, was dein Problem ist, Charlie?«, sagte Izzie. »Du hast nicht genug Selbstbewusstsein. Du bist ein echter Sahnehappen und weißt es nicht. Deine wunderschönen Haare bindest du immer nur zu einem Zopf. Du hast superlange Beine, die du nicht zeigst, und deine tolle Figur versteckst du unter schlabberigen Jogginganzügen. Und dann dein Mund – die ganzen Models mit ihren aufgespritzten Schlauchbootlippen würden alles tun, um so auszusehen.«

Ich bin jemand, der sehr gut mit Komplimenten umgehen kann. Nämlich gar nicht. »Was hast du denn für Drogen genommen?«, knurrte ich. »Deine Halluzinationen hätte ich auch gern mal.«

Die »Vorher«-Beweisfotos hatte Steve am Vormittag mit seiner neuen Kamera bei Lucy zu Hause geknipst. Wir hatten uns dabei fast totgelacht. Ich hatte mir das Vorhang-Kleid von Mum angezogen und mir von Izzie die Haare zu zwei Knödeln drehen und seitlich am Kopf feststecken lassen. Lucy zupfte Hundehaare aus der Bürste von Häagen und Dazs und pappte sie mir mit Klebestift an die Beine (eigentlich wollte sie mir auch welche über die Oberlippe kleben, aber das find ich dann doch eine Spur zu hart). Gina zeigte mir, wie ich mich noch unansehnlicher machen konnte.

»Alle schönen Frauen haben eine tolle Haltung«, erklärte sie. »Das ist auch das Erste, was man als Model beigebracht bekommt – Rücken durchdrücken und Kopf gerade halten. Also musst du für die Fotos jetzt die Schultern hängen lassen.«

Lucy durchwühlte die Müllsäcke, in denen ihre Mutter ihre Schnäppchenkäufe aus Secondhand-Läden aufbewahrt, nach geschmacklosem Modeschmuck und fand auch prompt ein Paar Monsterohrringe und mehrere indische Ketten.

»Aber die passen doch gar nicht zum Kleid«, protestierte ich.

Die drei sahen mich an, als wäre ich total bescheuert.

»Und was ist der Zweck dieser Übung?«, fragte Gina.

Als wir fertig waren, sah ich aus wie ein wandelnder Kartoffelsack mit haarigen Beinen.

»Zum Davonlaufen«, sagte Steve zufrieden, als ich die Treppe herunterkam und wie eine Ente durch die Diele watschelte.

Lal lachte. »Du siehst aus wie Robin Williams als Miss Doubtfire.«

»Wir machen die Bilder am besten hinterm Haus bei den Mülltonnen«, sagte Steve.

»Was? Als wäre ich ein Fall für die Müllkippe?«

Steve wollte nicken, aber dann grinste er. »So schlimm siehst du auch wieder nicht aus«, tröstete er mich. »Das Hauptproblem ist das spießige Kleid.«

»Aber die Mülltonnen im Hintergrund machen es noch schlimmer, oder?«

Steve nickte. »Ganz genau. Ich hab in unserer Film-AG gelernt, dass der Hintergrund, vor dem eine Szene spielt, vom Unterbewusstsein wahrgenommen wird und die Botschaft, die man rüberbringen will, unterschwellig verstärkt, ohne dass es die Zuschauer merken.«

»Sehr spannend.« Lucy gähnte gelangweilt, aber ich fand es wirklich interessant.

Steve schoss ein Foto nach dem anderen, während ich die unmöglichsten Posen einnahm und Grimassen schnitt. Wir kriegten uns vor Lachen gar nicht mehr ein.

Irgendwann kamen Mr und Mrs Lovering nach draußen und sahen ein paar Minuten lang zu, wie ich mich erst wie eine Sumo-Ringerin vor der Kamera aufbaute und dann ein paar Karate-Schläge in die Luft hackte. Die beiden guckten etwas ratlos, weil Steve dabei die ganze Zeit pseudo-französisch auf mich einbrabbelte: »*Mach ein unglücklisch Gösicht. So als wärre dein 'Und gestorbänn und wäre avec les autres chiens in die 'Unde'immel aufgefarrän. Genau so! Eh bien. Marvelleuse, mein 'ässlisches Äntlein... wunderbarr, mon Grottenmolsch. Kinn 'och, Kinn runtärr. Mais oui, bien sûre. Degoûtantemont.*«

Sprachbegabt ist er jedenfalls nicht, dachte ich amüsiert, und auch seine Eltern gingen schulterzuckend wieder ins Haus zurück.

Der zweite Teil der Vorher-Nachher-Show war dann kein Spaß mehr. Im Gegenteil. Die Mädchen gingen absolut ernst ans Werk. Todernst. Als wären sie auf einer göttlichen Verschönerungs-*Mission*.

Sie zupften, massierten und enthaarten mich an allen möglichen Stellen. Ich bekam eine Mani- und eine Pediküre, wurde geschminkt, abgeschminkt und wieder neu geschminkt und zuletzt noch von Kopf bis Fuß eingekleidet.

»Okay, jetzt darfst du dich anschauen!« Gina zog den Bademantel weg, mit dem sie den Spiegel verhängt hatte.

Ich blickte auf eine braunhaarige Barbiepuppe, die in einem superkurzen hellblauen Minikleid von Gina steckte und graue Jimmy-Choo-Sandaletten an den Füßen trug. Gina hatte meine Haare zu einer Löwenmähne auftoupiert und Lucy hatte mich mit Lidschatten, Rouge und rotbraunem Lippenstift bunt angemalt.

»So, jetzt darfst du zum Ball gehen, Aschenputtel«, rief Gina begeistert. »Du siehst hammermäßig gut aus.«

»Ja, zum Anbeißen«, sagte Lucy. »Gefällst du dir denn?«

Hm. Ich war mir nicht sicher. Ich sah gut aus und meine Beine wirkten tatsächlich ultralang, aber ich war nicht ganz davon überzeugt, dass der Girlie-Style das Richtige für mich war. Obwohl ich zugegebenermaßen selbst nicht wusste, was der richtige Style für mich sein sollte.

»Was sagst du, Izzie?«

»*Watch out, boys!*«, trällerte sie. »*There's a new girl in town.*«

Ginas Mutter fuhr uns zur Hampstead High Street, wo wir mit Steve verabredet waren, um die »Nachher«-Bilder aufzunehmen.

Als wir in der Heath Street aus dem Auto stiegen, ertönte ein gellender Pfiff. Ich fuhr herum und entdeckte Scott, der mit ein paar Freunden vor dem Café Nero saß.

»Sag mal, träum ich oder bist du's wirklich, Charlie Watts?« Sein Blick wanderte von oben nach unten und von unten nach oben und blieb schließlich an meinen Beinen hängen. »Du bist ja ein Mädchen!«

»Öhaja«, stammelte ich. Die anderen Jungs am Tisch checkten mich auch ab und ich wurde immer unsicherer. Ich fühlte mich in meinem Supermikro-Minidress halb nackt und wusste nicht, ob es mir gefiel, so im Zentrum der allgemeinen Aufmerksamkeit zu stehen. Alle guckten mich an und ich konnte mich nirgends verstecken. Sogar einem alten Knacker, der vorbeikam, fielen beinahe die Augen aus dem Kopf. Zur Strafe stieß er fast mit einer Frau und ihrem Hund zusammen und verhedderte sich in der Leine.

Scott griff begeistert nach meiner Hand und stellte mich seinen Freunden vor. Dann tat er so, als würde er Gina schon seit Ewigkeiten kennen. Seine Kumpels lachten, als sie ihn kühl abblitzen ließ. »Äh... träum weiter, ja?« Das schien ihm aber nichts auszumachen. Ich glaube, es stachelte ihn eher noch an.

Auf einmal entdeckte Lucy Steve und winkte ihn zu uns. Er stieß einen leisen Pfiff aus, als er mich sah.

»Die Mädels haben ganze Arbeit geleistet«, sagte er.

»Wow«, flüsterte ich Izzie zu, als wir weitergingen, wobei ich weniger *ging* als stöckelte. »Ist das echt so einfach? Du zeigst ein bisschen Lippenstift und Bein und die Jungs liegen dir zu Füßen?«

Izzie nickte. »Und wenn du ein bisschen Busen zeigst, geht es noch schneller. Es ist unglaublich. Zum Totlachen. Man sieht richtig, wie sie sich anstrengen, dir nicht auf den Busen zu starren, aber ihr Blick rutscht immer wieder runter – wie von einem unsichtbaren Magneten angezogen.«

»Das Problem hab ich ja nicht«, mischte sich Lucy ein. »Bei Körbchengröße 70A.«

»Ihre Brüder nennen sie Lucy Erbsenbrust«, verriet mir Gina.

»Wir können ja nicht alle Pamela Anderson sein wie du!« Lucy zwickte sie lachend.

Am anderen Ende der Heath Street (Scott und seine Freunde waren uns unauffällig gefolgt) setzten wir uns in ein Straßencafé. Während Gina unsere Getränke bestellte, schoss Steve die Fotos. Diesmal musste ich nicht viel tun außer schön sein, weil er wollte, dass die Bilder ganz natürlich aussahen und nicht gestellt. Er war auffallend still und seine Albernheit vom Vormittag war wie weggeblasen. Ich hatte das Gefühl, er wollte die Aktion möglichst schnell hinter sich bringen, so als hätte er das Interesse daran verloren.

Um ihn ein bisschen zum Reden zu bringen, fragte ich: »Wieso wolltest du die Fotos eigentlich unbedingt in Hampstead machen?«

Seine Antwort war knapp. »Weil es so ein Szeneviertel ist.«

Als er fertig war, verabschiedete er sich bald und brummte irgendetwas von wegen, er müsse noch Hausaufgaben machen. Was war nur passiert? Er wirkte richtig bedrückt. Ich nahm mir vor, Lucy später zu fragen, ob sie vielleicht wusste, was auf einmal mit ihm los gewesen war.

Email: Postausgang (1)
Von: charliesangel@psnet.co.uk
An: hannabannnanna@fastmail.com
Datum: 24. Juni
Betreff: Die neue, verbesserte »Charlie«

Hey Hannalooloo,

die Vorher-Nachher-Aktion war superlustig. Steve hat mit seiner neuen Kamera Fotos gemacht. Ich schick dir die Bilder, wenn sie fertig sind. Gina hat mich glamourmäßig zurechtgemacht. Ich weiß aber nicht, ob das wirklich mein Stil ist. Ich hab mich nämlich nicht so wohl gefühlt. Wenn man weite Sachen anhat, ist man unsichtbar und niemand achtet besonders auf einen. Damit fühle ich mich irgendwie wohler. Als ich heute so aufgebrezelt in Hampstead war, haben mich alle angestarrt. Ich hab mich gefühlt wie auf dem Präsentierteller. Gina meinte zwar, ich soll nicht darauf achten, aber man wird auch ganz anders behandelt, wenn man so aussieht. Mädchen sind richtig zickig und die Jungs benehmen sich sowieso total gestört. Scott hat totale Glubschaugen bekommen. Aber hauptsächlich war es das Anstarren. Ich weiß nicht, ob mir das gefällt. Übrigens bin ich Wendy Roberts über den Weg gelaufen, als sie gerade aus H & M kam. Sie musste zweimal hingucken, bevor sie mich erkannte, und hätte dann vor Schock fast ihre Tüte fallen lassen. Dann hat sie gesagt: »Mit dem Aussehen wirst du es bestimmt noch weit bringen. Je weiter von hier, desto besser.« Was sollte das denn, bitte?

Sprekke balde, ja?
Kuss von Charlie

PS: Ja, ja. Mehr Buchtitel, bitte, weil ich sie jetzt auf jeden Fall für die Schülerzeitung brauche.
Neu im Programm:
»Körperteile« von Anna Tomie

Email: Posteingang (2)
An: charliesangel@psnet.co.uk
Von: hannabannanna@fastmail.com
Datum: 24. Juni
Betreff: Das neue »Du«

Olé, du nagelneues Dudeldu,

ich glaub, das Wort, mit dem sich Wendys Kommentar beschreiben lässt, ist: NEID. Echt schade, dass ich nicht dabei war. Ich möchte auch mal wieder in Hampstead und Highgate abhängen :-(Du hast bestimmt rattenscharf ausgesehen. Und mach dir keine Sorgen – du findest deinen Stil schon noch. Das war erst der Anfang – die Geburt von Charlie, der Sexgöttin von Nordlondon. Denk immer an Konfuzius' Worte: Jede Reise beginnt mit dem ersten Schritt. (Hauptsache, du gehst nicht seit- oder rückwärts.)
Ich war am Wochenende zum ersten Mal bei Luke zu Hause. Sehr schicke Villa mit Pool. Kleiner Trost für meine heimwehgeplagte Seele.

Möge der Stil mit dir sein!

Ha xxx

Von: hannabannanna@fastmail.com
An: charliesangel@psnet.co.uk
Datum: 24. Juni
Betreff: äh, Sekunde! Steve??????

'tschuldigung, aber ich hab gerade deine Mail noch mal gelesen. Verheimlichst du mir etwa was? Mehr Infos über diesen mysteriösen Steve. Größe? Gewicht?
Knuffeligkeitsfaktor? Etc. usw.
Und zwar sofortamente, prego!

Hanna

Email: Postausgang (1)
Von: charliesangel@psnet.co.uk
An: hannabannanna@fastmail.com
Datum: 24. Juni
Betreff: Re: äh, Sekunde! Steve??????

Ich hab dir doch schon alles von ihm geschrieben. Steve ist Lucys älterer Bruder. Knuffeligkeitsfaktor: Sieht schon gut aus, aber nicht so zum Umfallen süß wie Scott, in den ich vielleicht/wahrscheinlich verliebt bin und der anscheinend endlich gemerkt hat, dass ich ein Mädchen bin. Mit Steve ist es was anderes. Mit dem kann ich mich total gut unterhalten, ohne so rumzustottern. Er ist ein richtiger Kumpeltyp.

Charlie

Buch: »Merkwürdiger Busen« von Einar Haengt Tifr

Von: hannabannanna@fastmail.com
An: charliesangel@psnet.co.uk
Datum: 24. Juni
Betreff: Re: Re: äh, Sekunde! Steve??????

Ich glaub, ich spinn. Küss ihn trotzdem – nur zur Übung.
HXXXXXXX

11. Kapitel

Ein lehrreicher Spaziergang

»Aber geh nicht in den Wald«, sagte Mum, als ich mich am Mittwoch nach der Schule fertig machte, um mit Mojo spazieren zu gehen. »Bleib auf der Straße, da ist es sicherer.«

»Ich frag Scott, ob er mitkommt«, schlug ich vor. »Der kann ja auf mich aufpassen.«

Mum war einverstanden. »Und komm nicht zu spät zurück. Du hast noch Hausaufgaben zu machen.«

Ich konnte es kaum erwarten, Scott wieder zu sehen. Er hatte am Samstag in Hampstead richtig mit mir geflirtet, das hatte ich mir bestimmt nicht bloß eingebildet. Anscheinend war er von meinem neuen Look ganz schön beeindruckt gewesen, einmal hatte er sogar nach meiner Hand gegriffen und sie gedrückt. Mir war so richtig schön schwummerig geworden – genau wie an dem Tag bei uns in der Küche. Ich konnte gar nicht mehr aufhören, an ihn zu denken, und stellte mir vor, wie es wäre, wenn er meine Hand halten oder mich sogar küssen würde. Schon beim Gedanken daran bekam ich ganz weiche Knie.

Ich kämmte mir die Haare, malte mir die Lippen ein bisschen an, nahm Mojo an die Leine, ging nach nebenan und klingelte.

Mrs Harris kam an die Tür.

»Ist Scott zu Hause?« Ich hoffte, sie sah mir nicht an, dass ich am ganzen Körper zitterte. Verrückt – dabei war ich in meinem Leben schon millionenmal bei Scott gewesen und hatte mir nie was dabei gedacht.

Sie rief nach oben in sein Zimmer und kurz darauf erschien er am oberen Treppenabsatz.

»Oh! Hey, Charlie!«

»Äh... ja, hallo. Äh... ja. Ich geh mit Mojo spazieren, willst du mit?«

Er schüttelte den Kopf. »Ich schau gerade die Simpsons.«

»Ach so. Okay, auch gut. Dann eben ein anderes Mal.« Ich versuchte mir meine Enttäuschung nicht anmerken zu lassen. Er hatte sich noch nicht mal die Mühe gemacht, zu mir runterzukommen.

Als ich mit Mojo den Muswell Hill Broadway entlangschlenderte, fragte ich mich, ob ich Scotts Signale womöglich missverstanden hatte. Hatte er früher auch schon mal so liebevoll mit meiner Hand rumgespielt? Ich konnte mich nicht daran erinnern. Vielleicht bildete ich mir das alles auch nur ein und Scott hatte meinen neuen Look gar nicht so toll gefunden. Obwohl ich schon eindeutig das Gefühl gehabt hatte. Ich meine, er hatte mich doch die ganze Zeit angestarrt, oder nicht? Ich war total verwirrt.

Weil ich mir als aufgetakelte Barbie selber nicht so gut gefallen hatte, schaute ich unterwegs in die Schaufenster, um mich inspirieren zu lassen. Vielleicht gab es ja auch noch andere Sachen, die nicht ganz so tussig wirkten. Keine Chance. Überall nur enge, knappe Tops und sexy Röcke. Ich wusste nicht genau, wie ich aussehen wollte, aber ich war mir ganz sicher, dass ich nie mehr Schuhe mit so hohen Absätzen anziehen wollte. Das waren Folterwerkzeuge. Okay, sie hatten echt cool ausgesehen, aber ich war nur bis zu einem gewissen Grad bereit, das Wer-schön-sein-will-muss-leiden-Spiel mitzumachen.

Mojo trabte fröhlich neben mir her, während ich über die große philosophische Frage »Wer ist Charlie Watts?« nachgrübelte.

Noola, die Außerirdische?

Miss Oberlehrerin, die alle Jungs das Fürchten lehrte?

Die Londoner Stadtmeisterin im Armdrücken?

Charlie, das Engelchen, das immer brav die Hausaufgaben machte?

Charlotte, die Klugscheißerin?

Barbies braunhaarige Schwester?

Oder eine komplett Durchgeknallte, in deren Kopf sich die verschiedensten Persönlichkeiten drängelten?

»Was sagst du denn dazu, Mojo?«, fragte ich ihn, als wir hinter dem Kinokomplex in die Muswell High Road einbogen.

»Oje«, sagte eine Stimme hinter mir. »Wenn man anfängt, mit sich selbst zu reden, ist das ein sicheres Zeichen für beginnenden Wahnsinn.«

Ich fuhr herum. Vor mir stand Steve mit Häagen und Dazs.

»Ich hab zwar mit Mojo geredet«, sagte ich. »Aber mit dem beginnenden Wahnsinn könntest du Recht haben. Ich hab mich wirklich gerade gefragt, ob ich vielleicht langsam durchdrehe.«

Steve lachte. »Bist du auf dem Weg zum Highgate Wood?«, fragte er, während Mojo, Häagen und Dazs gegenseitig ihren Allerwertesten beschnüffelten.

Ich schüttelte den Kopf. »Nein. Mojo würde natürlich gern, aber Mum erlaubt mir nicht, allein in den Wald zu gehen.«

Steve warf einen Blick auf seine Armbanduhr. »Hm, wir kommen zwar gerade von dort, aber die Jungs hätten sicher nichts gegen eine zweite Runde einzuwenden. Na los, ich begleite dich.«

Ich rief Mum schnell auf dem Handy an, um ihr Okay einzuholen, dann zogen wir los.

Im Wald ließen wir die Hunde von der Leine. Die drei hatten sich schon dick angefreundet und tobten begeistert herum. Währenddessen unterhielten Steve und ich uns wie alte Kumpel. Das soll mal einer verstehen, dachte ich verwundert. Mit Steve, den ich erst seit einer Woche kenne, rede ich so locker, als wären wir uralte Freunde, und bei Scott bin ich voll nervös, obwohl der doch eigentlich mein Uraltfreund ist.

»Sag mal, was läuft da eigentlich zwischen dir und diesem Typen?«, fragte Steve nach einer Weile.

»Welchem Typen?«

»Dem, den wir am Café Nero getroffen haben. Ich hatte das Gefühl, dass du ihn ziemlich gut findest.«

»Oh Gott, war das so offensichtlich?«, fragte ich erschrocken. »Hoffentlich hat er nichts gemerkt.«

»Keine Angst. Der hatte bloß Augen für Gina.«

Meine Stimmung sank. Vielleicht war das die Erklärung. Er interessierte sich immer noch für Gina und hatte bloß mit mir geflirtet, um an sie heranzukommen.

»Du hast sicher Recht«, sagte ich. »Weißt du, Scott wohnt neben uns und wir sind schon seit ewig total gut befreundet. Nur in letzter Zeit... Irgendwie hat sich alles geändert. Ich hab gemerkt, dass ich... du weißt schon... äh... oft an ihn denken muss. Ich weiß auch nicht, was mit mir los ist. Und ich hab keine Ahnung, wie es ihm geht. Aber ich glaube, er unterhält sich einfach nur gern mit mir – mehr nicht. Ach, ich weiß auch nicht.«

»Jeder Typ, der nicht auf dich steht, muss verrückt sein«, sagte Steve ernst. »Und jetzt verrate ich dir das größte Geheimnis über Jungen...«

Ich hielt gespannt den Atem an.

»Jungs sind genauso wie Mädchen. Die sind auch schüchtern und haben Angst, nicht das Richtige zu sagen oder irgendwas falsch zu machen.«

»Echt?«

Steve sah mich an. »Jetzt mal ganz ehrlich. Jungs tun oft so selbstbewusst, aber ich schwör dir, im tiefsten Inneren sind sie genauso nervös wie du. Jeder Mensch hat Angst davor, eine Abfuhr zu bekommen und sich zur Witzfigur zu machen.«

»Ich glaub, Scott hat einfach kein Interesse an mir.«

»Woher willst du das wissen?«, fragte Steve. »Manchmal tun Jungs desinteressiert, dabei sind sie in Wirklichkeit gar nicht cool, sondern vor Angst wie gelähmt. Weil es meistens ja die Mädchen sind, die bestimmen, wo es langgeht. Jungen haben mehr Schiss davor, einen Korb zu kriegen, als vor irgendwas anderem.«

Ich und bestimmen, wo es langgeht? Das war ja wohl ein Witz. Aber dass Jungs auch nervös waren, konnte ich mir schon vorstellen. Ich hatte bloß noch nie darüber nachgedacht. Ich war so mit meinen eigenen Ängsten beschäftigt gewesen, dass ich gar nicht auf die Idee gekommen war, es könnte ihnen umgekehrt genauso gehen. Dabei war das ja eigentlich nur logisch.

»Wenn dich einer gar nicht groß beachtet«, sagte Steve, »denkst du vielleicht, er hat kein Interesse. Dabei kann es gut sein, dass er einfach zu viel Schiss hat, dir deutlich zu zeigen, dass er was von dir will. Mir geht es jedenfalls oft so. Du weißt schon... wenn ich ein Mädchen richtig nett finde.«

Vielleicht war das die Erklärung für Scotts Verhalten. Aus Angst vor Zurückweisung hatte er lieber einen auf cool gemacht. Nein. Das konnte gar nicht sein. Oder doch? Ich wurde immer verwirrter.

»Bei dir zum Beisp...«, begann Steve.

»Wie soll man denn dann jemals zusammenkommen?«, unterbrach ich ihn verzweifelt. »Ich glaube, ich brauch jemanden, der es mir sehr, sehr deutlich zeigt.«

»Und wie?«

»Keine Ahnung. Postkarten, Geschenke, Plakatwände! Er muss es von den Dächern schreien: ICH STEH AUF CHARLIE WATTS.«

Steve lachte. »Ich bin mir sicher, dass es einen Haufen Jungs gibt, die auf dich stehen«, sagte er. »Du weißt es bloß nicht.«

»Meinst du echt?«

»Ach komm, du hast es doch am Samstag selbst erlebt, wie die Typen geglotzt haben.«

»Schon. Aber ich hab mich so nicht wohl gefühlt.«

Steve nickte. »Ich weiß, was du meinst. Nicht beleidigt sein – aber ich fand, Gina hat so eine Art Gina-Klon aus dir gemacht. Sie sieht in den Sachen super aus, aber du bist für mich mehr Buffy als Barbie.«

»Echt?« Cool, das gefiel mir. Mehr Buffy als Barbie. Ich nahm mir vor, das nächste Mal, wenn Buffy lief, darauf zu achten, wie sie angezogen war.

»Was macht eigentlich deine Schülerzeitung?«

»Läuft ganz gut. Aber bei uns in der Schule ist der volle Konkurrenzkampf ausgebrochen. Manche werden dabei richtig fies. Zum Beispiel die eine, der wir in Hampstead über den Weg gelaufen sind, weißt du noch? Wendy Roberts. Die macht es mir echt schwer.« Ich erzählte ihm von der Aktion *Pudelfresse des Monats*.

Steve schlug sich mit der flachen Hand auf die Stirn. »Meinst du die, die vor H & M stand? Die kam mir gleich so bekannt vor. Jetzt, wo du den Namen erwähnt hast... Die war mal mit einem Freund von mir zusammen.« Er kicherte. »Über die könnte ich dir sehr guten Lästerstoff liefern.«

»Was denn?«

»Sie hat zum Beispiel keine Schneidezähne.«

»*Waaas?* Woher weißt du das?«

»Hat mir mein Freund erzählt. Beim Knutschen wären sie ihr fast rausgefallen. Sie hat so eine Art Spange mit Kunstzähnen dran, die hat sich gelockert. Irgendwann soll sie anscheinend mal Implantate kriegen, aber der Zahnarzt hat gesagt, jetzt ist sie noch zu jung dafür. Tja, deine Wendy hat echt falsche Zähne. Reitunfall oder so. Schreib doch in deiner Schülerzeitung einen Artikel über Angst vor dem Zahnarzt, und setz ihr Foto daneben!«

Ich lachte. »Genau. Und darunter schreib ich: ›Zu Weihnachten wünsch ich mir neue Schneidezähne.‹«

»Oder ›Die zahnlose Tigerin‹.«

»Führ mich bloß nicht in Versuchung!«

Wir dachten uns lauter Themen aus, die ich noch in der Schülerzeitung unterbringen könnte, und Steve bot mir an, einen Artikel übers Fotografieren zu schreiben.

Als ich irgendwann auf meine Armbanduhr sah, war es schon acht Uhr.

»O Mann, ich muss dringend nach Hause!«, rief ich erschrocken. »Meine Mutter bringt mich um.«

Wir riefen die Hunde zu uns, leinten sie wieder an und Steve begleitete mich noch bis zu unserer Straße.

»Also dann«, sagte er, als wir vor unserem Haus standen.

»Ja, tschüss!«

Er schlenderte los. Plötzlich drehte er sich noch mal um. »Hättest du ... hättest du vielleicht Lust, mal mit mir Tennis zu spielen?«

»Na klar.« Nach dem netten Nachmittag konnte ich mir gut vorstellen, öfter mal was mit Steve zu machen. »Aber nur, wenn du ein guter Verlierer bist.«

Email: Postausgang (2)
Von: charliesangel@psnet.co.uk
An: paulwatts@worldnet.com
Datum: 25. Juni
Betreff: Durchfall

Bruderherz,

Oje, Amöbenruhr, klingt ja schrecklich. Hab das mit dem Pass an Mum weitergegeben – sie schickt ihn dir, sobald er fertig ist. Dad hab ich nichts erzählt. Pass auf dich auf, ja?

Alles Liebe
Charlie

Von: charliesangel@psnet.co.uk
An: ginahotbabe@retro.co.uk
Datum: 27. Juni
Betreff: Kino

Hast du Lust, Freitag in den neuen Film mit Julia Roberts zu gehen? Läuft im Hollywood Bowl. Lucy und Izzie hab ich schon gefragt. Sie sind dabei. Hoffentlich kannst du auch.

Charlie

Email: Posteingang (1)
Von: ginahotbabe@retro.co.uk
An: charliesangel@psnet.co.uk
Datum: 27. Juni
Betreff: Kino

cool. ich kooomme!

12. Kapitel

Mehr Buffy als Barbie

Aktionsplan:

1. Buffy gucken (auf Klamotten achten).
2. Vorhangkleid zurückbringen und gegen was Buffymäßiges eintauschen.
3. Im neuen Outfit ins Kino gehen.

Es klappte.

»Echt, Charlie, du siehst super aus!«, sagte Izzie, als wir am darauf folgenden Freitag von der Bushaltestelle zum Hollywood Bowl gingen. »Deine Haare sehen viel besser aus, wenn du sie offen trägst, und die neue Cargohose ist ja wohl oberscharf.«

Lucy musterte mich von Kopf bis Fuß und nickte anerkennend. »Stimmt. Und ich find's gut, dass du dich obenrum nicht in einem von deinen Riesenshirts versteckst, das hätte nämlich alles kaputtgemacht. Das Tanktop sieht echt cool aus.«

»Yeah. Megacooloso!«, sagte Gina.

Ich glaub, das sollte heißen, dass es ihr auch gefiel.

Wir schlenderten über den Parkplatz zum Kino, und ich fühlte mich super, als wir an einer Gruppe von Jungs vorbeikamen, die ziemlich interessiert schauten. Und nicht bloß wegen Gina – diesmal bekam ich auch ein paar Blicke ab.

Izzie und Lucy holten die Tickets, Gina und ich fuhren mit der Rolltreppe nach oben und stellten uns an der Popcorntheke an. Beim Warten in der Schlange sah ich plötzlich Scott allein an der Rolltreppe stehen. Er guckte immer abwechselnd auf seine Armbanduhr und nach unten zum Eingang, als würde er auf jemanden warten.

Als wir unser Popcorn und die beiden anderen die Karten ergattert hatten, stand Scott immer noch da und wartete. Wir gingen zu ihm rüber.

»Bist wohl versetzt worden, was?«, fragte Gina.

Lucy rammte ihr den Ellbogen in die Rippen. »Gina!«

»Was?«, fragte Gina. »*Waaas?*«

»Um ehrlich zu sein«, sagte Scott und strahlte sie an, »hab ich hier nur auf dich gewartet.«

»Sehr amüsant!« Gina schleuderte ihre Haare nach hinten.

Scott guckte noch mal zum Eingang runter und hängte sich dann bei Gina ein. »Sieht nicht so aus, als würde mein Freund noch kommen, also hast du die Ehre, mir Gesellschaft zu leisten.«

»Freund oder Freund*in*?«, fragte Gina misstrauisch. »Gib's doch zu, du bist versetzt worden.«

Lucy stieß sie wieder an. »Achte gar nicht auf sie«, sagte sie zu Scott. »Wir lassen sie auch ganz selten aus ihrer Gummizelle.«

Scott grinste. »Also, was ist? Kommst du mit?«, fragte er Gina. Zu uns sagte er: »Sorry, Mädels. Mein Geld reicht nur für zwei Tickets.«

Gina machte sich von ihm los und stellte sich hinter uns drei.

»Ach, weißt du«, sagte sie arrogant. »Wir sind schon verabredet. Und zwar mit Leuten, die sich auch die Mühe machen, aufzukreuzen. Los, gehen wir. Ich muss noch aufs Klo.«

Scott war total verdattert, als er so einfach stehen gelassen wurde. Im Gehen warf ich noch einmal einen Blick über die Schulter zurück. Scott tat mir schon ein bisschen Leid. Immerhin waren wir befreundet. Ich wusste, dass es ihn bestimmt viel Überwindung gekostet hatte, Gina so offen anzubaggern. Mir fiel auch wieder ein, was Steve mir am Mittwoch erzählt hatte. Wie hart es für Jungs ist, eine Abfuhr zu bekommen, auch wenn sie es sich nicht anmerken lassen. Der arme Scott. Erst war er sitzen gelassen worden und dann hatte Gina ihn auch noch so abblitzen lassen.

Während wir uns auf der Damentoilette die Haare bürsteten und uns nachschminkten, fasste ich einen Entschluss.

»Ich frag Scott, ob er will, dass ich mit ihm ins Kino gehe.«

»Bloß nicht!«, riefen Izzie, Lucy und Gina gleichzeitig.

»Wieso denn nicht? Er ist sitzen gelassen worden und fühlt sich jetzt bestimmt ganz mies.«

»*Wer?* Scott? Vergiss es, der ist doch viel zu eingebildet«, sagte Gina. »Der hält sich für unwiderstehlich. Glaub mir, das tut ihm ganz gut, wenn er mal merkt, dass ihm nicht alle Frauen zu Füßen liegen.«

»Das ist doch alles bloß gespielt«, widersprach ich. »In Wirklichkeit hat er einen ganz weichen Kern.«

»Arme Charlie!«, seufzte Lucy. »Liebe macht wirklich blind.«

»Wenn du echt was von ihm willst, solltest du es ihm jedenfalls nicht so leicht machen«, mischte sich Izzie ein. »Jungs sind Jäger.«

»Aber er tut mir einfach Leid«, sagte ich. »Ich geh jetzt zu ihm hin und frag ihn.«

»Wie kann jemand so Intelligentes nur so doof sein?«, sagte Gina, und selbst Izzie stöhnte verzweifelt auf.

»Denkt doch, was ihr wollt.« Ich warf einen letzten prüfenden

Blick in den Spiegel. »Ich kenne ihn länger als ihr und kann ihn nicht so hängen lassen.«

Ich drehte mich um und ging. Als die Tür hinter mir zuschlug, hörte ich noch, wie Lucy Gina mal wieder wegen ihrer großen Klappe ausschimpfte.

»Meinetwegen. Okay«, sagte Scott, als ich ihm vorschlug, mit ihm ins Kino zu gehen. »Aber nicht in den Film, in den deine Freundinnen gehen.«

»Aber Izzie hat mir doch schon das Ticket besorgt.«

»Neben die alte Lesbe setz ich mich nicht.«

»Welche Lesbe?«

»Gina.«

Ich lachte. Das sagte er natürlich nur, weil sie ihn vor uns so lächerlich gemacht hatte.

Es liefen noch fünf andere Filme im Kino. Ich überließ die Wahl ihm, und er entschied sich für einen Science-Fiction, auf den ich, ehrlich gesagt, keine so große Lust hatte.

»Bist du sicher, dass du nicht den mit Julia Roberts sehen willst? Der soll echt lustig sein und wir müssen uns ja nicht neben die anderen setzen.«

»Vergiss es!« Scott blieb hart. »Entweder der hier oder ich geh nach Hause.«

Schließlich gab ich nach. So wichtig war mir der Film dann auch nicht. Ich wollte vor allem mit Scott allein sein und schauen, was passiert.

Er hatte seinen Spaß, aber ich konnte mich überhaupt nicht auf die Handlung des Films konzentrieren. Während sich auf der Leinwand intergalaktische Mutantenarmeen gegenseitig niedermetzelten, konnte ich nur an eins denken: Scott saß ganz dicht neben mir! Wir stießen ein paar Mal aus Versehen mit Knien und Ellbogen aneinander, und ich wartete sehnsüchtig darauf, dass er vielleicht mal nach meiner Hand greifen würde. Aber er stopfte sich nur mit Popcorn voll. Vielleicht ist das eben der Unterschied zwischen Kino und wahrem Leben, dachte ich, als dem nächsten Außerirdischen seine drei Köpfe abgerissen wurden und das aus seinen Hälsen sprudelnde grüne Blut auf den Filmhelden spritzte. Vielleicht besteht Romantik im wahren Leben nicht aus Sonnenuntergängen und zarten Küssen, sondern daraus, im Dunkeln neben einem Jungen zu sitzen und sich zu fragen, ob er je den ersten Schritt tun wird. Vielleicht besteht Romantik ja auch nur aus Träumen. In den vergangenen Tagen hatte ich mir jeden Abend im Bett meinen ersten Kuss mit Scott vorgestellt. Wie er mir sanft eine Haarsträhne hinter das Ohr schieben und mir tief in die Augen schauen würde, um dann sanft seine Lippen auf meine zu legen und...

Ein *Pffft* neben mir riss mich aus meinen Träumereien.

Scott hatte einen fahren lassen.

»Ups!« Er grinste. »Na ja, riecht ja bloß nach Popcorn.«

Als der Film zu Ende war und wir aus dem Saal kamen, wartete Scott nicht auf mich, sondern ging immer ein paar Schritte vor mir her. An der Rolltreppe standen ein paar von den Typen, mit denen wir ihn letzte Woche in Hampstead getroffen hatten.

Einer kam auf uns zu.

»Hey, bist du letzten Samstag nicht fotografiert worden?«

Ich nickte.

»Du hast echt verdammt gut ausgesehen.«

»Danke.«

Plötzlich griff Scott nach meiner Hand.

»Das ist übrigens Charlie«, stellte er mich der ganzen Gruppe vor und legte einen Arm um mich. »Wir waren gerade in ›Mutanten im Cyberspace‹.« Er zwinkerte ihnen zu. »Wobei ich nicht viel vom Film mitgekriegt hab, falls ihr versteht, was ich meine…«

Die Jungs lachten wissend.

»Tja dann – wir müssen los!« Scott sah mich liebevoll an. »Die Nacht ist noch jung.«

»Verstehe«, sagte einer der Jungs, als Scott mich auch schon mit sich davonzog.

Ich war noch verwirrter als vorher. War er jetzt doch an mir interessiert und hatte nur aus Unsicherheit einen auf cool gemacht – oder war das eben nur Show gewesen, um bei seinen Freunden Eindruck zu schinden? Als wir die Rolltreppe hinunterfuhren und nach draußen gingen, hielt er zwar immer noch meine Hand, aber anders als Samstag in Highgate war mir dabei kein bisschen schwummerig zumute. Ich war einfach nur total durcheinander. Aber ich wollte seine Hand auch nicht loslassen. Schließlich hatte er gesagt, der Abend sei noch jung. Es konnte nur besser werden.

Als wir draußen standen, schlug ich ihm vor, noch irgendwo einen Cappuccino zu trinken.

»Ich hab keinen Penny mehr«, sagte er.

»Kein Problem. Ich lade dich ein.«

Scott zuckte mit den Schultern. »Na gut. Reicht's denn auch noch für einen Hot Dog?«

»Klar«, erwiderte ich großzügig.

»Mit Zwiebeln?«

»Klar.«

Die nächste halbe Stunde verging damit, dass er redete und ich zuhörte.

Er redete.

Und redete.

Ich hörte zu.

Dabei hätte ich ihm so gern erzählt, was bei mir in den letzten Wochen so alles los gewesen war. Was Hanna und Paul in ihren Mails schrieben. Von dem Schülerzeitungswettbewerb. Meinen neuen Freundinnen. Es war so viel passiert, aber es war zwecklos, ich kam einfach nicht zu Wort. Er redete, ich hörte zu. So war es diesmal, und so war es eigentlich immer schon gewesen, seit wir uns kannten. Früher hatte es mich wohl nur nie gestört. Während ich ihm angestrengt zuhörte, kam mir der Gedanke, dass sich selbst Mojo mehr für das interessierte, was ich zu sagen hatte. Und der war ein Hund.

»So, jetzt hab ich aber genug von mir geredet. Jetzt bist du dran«, sagte Scott schließlich, als er eine Pause machte, um Luft zu holen. »Was hältst *du* denn so von mir?«

Er lachte, als wäre das der Witz des Jahrhunderts.

Ich musste daran denken, wie toll ich mich im Vergleich dazu auf dem Waldspaziergang mit Steve unterhalten hatte. Wir hatten gar nicht mehr aufhören können zu reden. Aber unsere Unterhaltung war total gleichberechtigt gewesen. Ich hatte etwas erzählt und er hatte zugehört und dann hatte er erzählt und ich hatte zugehört. Bei Steve hatte ich das Gefühl gehabt, dass er sich wirklich für meine Gedanken interessierte.

Ich betrachtete Scott, während er weiterredete. Klar, er sah supersüß aus. Er hatte fein geschwungene, volle Lippen und sehr dunkle braune Augen. Aber als ich ihm so in die Augen sah, dachte ich plötzlich: O je, Scott Harris, wieso ist mir nie aufgefallen, wie langweilig du eigentlich bist? Geradezu *einschläfernd*.

Plötzlich hatte ich das dringende Bedürfnis, nach Hause zu gehen und mit Mojo zu reden oder Hanna zu schreiben. Vielleicht auch Steve anzurufen. Ich konnte ihn ja fragen, ob er schon mit dem Artikel angefangen hatte.

Wir nahmen den nächsten Bus. Als wir vor unserem Haus standen, guckte Scott schnell nach rechts und links und dann nach oben zu den Schlafzimmern unserer Eltern. Ich wollte gerade die Tür aufschließen, da schob er mich gegen die Wand, und bevor ich kapierte, was er eigentlich wollte, wurde ich auch schon geküsst.

Mein erster richtiger Kuss.

Urgh, dachte ich, als er mir die Zunge in den Mund schob. Und dann... igitt, Zwiebeln! Scott schmeckte voll widerlich. Es war ein feuchter, schleimiger, ekelhafter Kuss, der kein bisschen so war, wie ich ihn mir erträumt hatte.

Als Scott meine Mundhöhle gründlich abgeleckt hatte, ließ er mich schließlich los und schaute sehr zufrieden.

Dann deutete er lässig mit dem Zeigefinger auf mich, sagte: »Man sieht sich«, drehte sich um und ging ins Haus.

Nicht, wenn ich es verhindern kann, dachte ich und wischte mir mit dem Ärmel über die Lippen.

Ein paar Stunden später saß ich bei mir im Zimmer und arbeitete ein paar Ideen für die Schülerzeitung aus, als auf einmal das Telefon klingelte.

»Charlie. Ich bin's, Gina!«

»Oh, hi Gi...«

»Ich muss dir was sagen«, unterbrach sie mich. »Bitte nimm mir das jetzt nicht übel, aber dieser Typ... dieser Scott, der ist echt nichts für dich. Frag mich nicht, woher ich das weiß, ich weiß es einfach. Scott ist ein eingebildeter Naffel, und ich kenne solche Jungs. Die sehen gut aus, aber sie interessieren sich nur für sich selbst. Du verdienst was Besseres, Charlie. Du hast es nicht nötig, den Fußabstreifer zu spielen. Du kannst einen viel netteren Freund finden, glaub mir. Das Problem ist nur, dass du nicht besonders viel Selbstvertrauen hast, wofür es übrigens gar keinen Grund gibt. Aber glaub mir, du wirst einen kennen lernen, mit dem du viel mehr Spaß haben kannst. Einen, der wirklich mit dir zusammen sein will. Weil du ein echtes Babe bist, und zwar ein Babe mit Hirn. Unschlagbare Kombi, das hab ich dir ja schon mal gesagt. Ich weiß, dass du auf diesen Scott stehst und dass du mich jetzt wahrscheinlich hasst und nie mehr mit mir reden willst, aber ich finde, dass ich dir als deine Freundin die Wahrheit sagen musste. Charlie? Bist du noch dran? Hasst du mich jetzt? Bitte sag doch was. Oh, scheißikowski. Lucy hat mir ja gleich gesagt, ich soll dich nicht anrufen, aber Izzie fand auch, dass du es wissen musst. Charlie? Charlie?«

Ich konnte nichts sagen, weil ich so lachen musste und die Hand über die Muschel gelegt hatte, damit sie es nicht hörte. »Gina, ich finde, du hast total Recht.«

»Du ... du findest was?«

»Du hast Recht. Scott Harris ist süß, aber lahm. Eine echte Schlaftablette. Und ... küssen kann er auch nicht!«

»Er hat dich geküsst!«, kreischte Gina. »*Omeingott*. Details, aber dalli!«

Wir tauschten noch eine halbe Stunde lang Küsserfahrungen aus, und Gina erzählte mir von Katastrophen, die sie auf dem Gebiet erlebt hatte.

»Es ist aber nicht immer so«, sagte sie zum Schluss.

»Gott sei Dank!«, sagte ich. »Dann besteht also noch Hoffnung?«

»Mucho, mucho Hoffnung«, versicherte Gina mir. »Es kann genau so sein, wie du es dir in deinen schönsten Träumen vorstellst, und sogar noch besser.«

Als ich den Hörer auflegte, war ich echt glücklich. Und beim Einschlafen hatte ich das undeutliche Gefühl, dass in meinen Küssfantasien ein anderer Junge den Platz von Scott Harris eingenommen hatte.

Email: Postausgang (1)
Von: babemithirn@psnet.co.uk
An: ginahotbabe@retro.co.uk
Datum: 29. Juni
Betreff: neue @dresse

Na? Was sagst du?

Email: Posteingang
Von: ginahotbabe@retro.co.uk
An: babemithirn@psnet.co.uk
Datum: 29. Juni
Betreff: neue @dresse

ginahotbabe sagt: megacooloso.
bis morgen bei lucy zum finalen schülerzeitungsmarathon.

Von: paulwatts@worldnet.com
An: @babemithirn@psnet.co.uk
Datum: 29. Juni
Betreff: traumurlaub

Hi Charlie,
Irgendwie läuft es hier nicht ganz wie geplant. Der Monsun hat uns volle Kanne erwischt. Es regnet so stark und viel, dass man nicht mehr am Strand schlafen kann. Ich teile mir jetzt mit vier anderen Backpackern eine Hütte und habe Läuse bekommen, weil ich mir einen Schlafsack leihen musste (meiner ist geklaut worden). Ach ja, Saskia ist übrigens mit dem Guru aus Nottingham abgehauen. Ich hab Dauerdurchfall und Mückenstiche so groß wie Golfbälle.
Hoffentlich ist wenigstens bei dir alles in Butter.
Alles Liebe,
Paul
PS: Dad soll mir bitte Medikamente schicken. Ich nehme alles, egal wie stark, ob Chemie oder sonst was. Hauptsache, es hilft.

13. Kapitel

Im Irrenhaus

Bis zum nächsten Nachmittag hatte ich so ungefähr die halbe Bevölkerung Nordlondons als Mitarbeiter für das Projekt Schülerzeitung eingespannt.

Mum und Dad waren natürlich auch dabei.

»Unser Hauptthema ist der Sommer«, erklärte ich Dad. »Und da wäre es natürlich toll, wenn du uns ein paar medizinische Tipps für Auslandsreisen geben könntest. Aber bitte kurz und knackig, ja? Schreib doch zum Beispiel, was alles in eine Mini-Reiseapotheke gehört: Mittel gegen Sonnenbrand, Mückenstiche, Durchfall, na du weißt schon.«

Er grinste. »Verstanden.«

Ich glaube, er fühlte sich richtig geschmeichelt.

Mum hatte sich überlegt, einen Artikel darüber zu schreiben, wie man am besten mit Prüfungsstress umgeht.

»Aber es muss leicht verständlich sein«, warnte ich sie. »Zehn gute Tipps oder so was.«

Als ich ging, saßen die beiden im Wohnzimmer, im Hintergrund lief gedämpfte klassische Musik, sie tranken Earl Grey – und schrieben fleißig vor sich hin.

Bei den Williams zu Hause hockte Tony und zeichnete einen kleinen Comic für ein Preisausschreiben, das wir uns ausgedacht hatten. Wir wollten die Sprechblasen leer lassen und die Leser auffordern, Vorschläge dafür zu machen. Die besten Ideen würden in der nächsten Ausgabe von »4U« veröffentlicht – falls es eine nächste Ausgabe gab.

Bei den Loverings saßen Steve und ich oben an seinem Computer.

Lucy und Gina arbeiteten unten im Wohnzimmer an ihren Artikeln.

Izzie hatte sich an Lucys PC gesetzt und stellte die Horoskope für den kommenden Monat zusammen.

Mrs Lovering versorgte uns mit Kräuterdrinks, die Ginseng und irgendwas ziemlich eklig Schmeckendes namens Guarana enthielten. »Damit ihr mir nicht schlappmacht!«

Und Mr Lovering saß in der Küche und spielte Gitarre. »Ich hoffe, meine Musik inspiriert euch«, sagte er, als ich zwischendurch runterkam, um ihn nach Ersatzpatronen für den Drucker zu fragen. Ich wusste zwar nicht, inwiefern uns seine Darbietung von *You ain't nothing but a hound dog* beflügeln sollte, aber zumindest Häagen und Dazs schien es zu gefallen. Sie jaulten jedenfalls inbrünstig mit.

»Ich komm mir vor wie im Irrenhaus«, beklagte sich Lal und verdrehte die Augen. »Ich muss irgendwohin, wo normale Leute sind und wo ich in Ruhe nachdenken kann!«

»Dann geh am besten zu uns nach Hause«, schlug ich ihm vor. »Da ist es so ruhig wie in einer Leichenhalle.«

Als er genervt aus dem Haus stürmte, überlegte ich mir, wie komisch es war, dass man nie mit dem zufrieden war, was man hatte. Wenn Mum und Dad die Loverings hätten sehen können, hätten sie

Lal mit seinem Irrenhaus-Kommentar sicher zugestimmt, aber ich fühlte mich unheimlich wohl bei ihnen. Mr L (wie Izzie ihn nennt) ist echt lustig und das absolute Gegenteil von meinem Vater. Er ist ein Althippie mit grellen Hawaiihemden und indischen Sandalen und trägt einen Pferdeschwanz, obwohl er gar nicht mehr viele Haare auf dem Kopf hat. Lucys Mutter ist auch ziemlich alternativ angezogen. Heute hatte sie einen peruanischen Rock mit so kleinen aufgenähten Spiegelchen an und ein etwas formloses Häkeltop.

»Alles okay, Charlie?«, fragte Steve, als ich wieder nach oben kam. »Du bist irgendwie so still heute.«

»*Nja, janaja*«, antwortete ich.

In den letzten vierundzwanzig Stunden war eine Menge passiert. Und zwar hauptsächlich in meinem Kopf. Mir war klar geworden, dass Scott mich bloß ausgenutzt hatte, und gleichzeitig hatte ich mit superschlechtem Gewissen erkannt, dass ich mit Steve eigentlich dasselbe gemacht hatte. Ich hatte ihn als lebenden Kummerkasten missbraucht. Auf unserem Spaziergang hatte ich nur über mich und Scott geredet und mich darüber ausgeheult, dass Scott sich nicht für mich interessierte und nur eine Art Kumpel in mir sah. Mit anderen Worten: Ich hatte Steve *exakt* so behandelt wie Scott mich. Und trotzdem hatte er mich so lieb getröstet und mir Komplimente gemacht und mich in die Geheimnisse des Seelenlebens von Jungen eingeweiht.

Als ich jetzt neben ihm am Schreibtisch saß, spürte ich ganz deutlich die Hitze, die von seinem Arm abstrahlte, und Steve duftete auch total frisch, als hätte er eben geduscht. Auf einmal stieg das altbekannte schwummerige Gefühl in mir auf – und das, obwohl ich ja neben Steve saß und gar nicht neben Scott. Wieso war mir nie aufgefallen, was für wunderschöne, liebe Augen er hatte? Haselnussbraun mit honiggelben Flecken darin. Und seine Hände waren auch sehr schön. Ich sah zu, wie sie über die Tastatur flogen. Lange, schmale Finger.

Aber es war zu spät. Ich durfte mir nichts anmerken lassen, sonst würde er mich für völlig oberflächlich halten. Jemand, der sein Fähnchen ständig nach dem Wind dreht. Erst heillos in Scott verliebt und dann von einem Tag auf den anderen plötzlich in ihn.

»Hast du dir schon überlegt, wie du die Zahngeschichte mit Wendy Roberts einbauen willst?«, fragte Steve und beugte sich zu mir rüber, um zu sehen, was in meinen Notizen stand.

»Äh… *jnam wi*… Wendy, ja. Also… ich hab beschlossen, dass ich mich nicht auf ihr Niveau hinunterbegebe. Ich merk mir die Geschichte und bau sie später mal in meinen Roman ein.«

»Gute Entscheidung«, sagte Steve. »Hast du denn inzwischen alles Material für die Zeitung zusammen?«

»*Nih… eun… jah…*«, stammelte ich und verfluchte Noola, die mal wieder die Kontrolle über meine Stimmbänder übernommen hatte. »*Mast.* Äh… ich meine *fast*.«

Steve starrte mich an, als hätte ich zwei Köpfe.

»MussschnellLucynGinawasfragen. Bingleichwiederda.« Ich sprang auf.

Ich flüchtete mich zu Lucy und Gina ins Wohnzimmer. Ich brauchte Hilfe. Dringend.

Ich ließ mich auf den Boden fallen und stützte den Kopf in die Hände. »Hi. Hiiii. Hiiiiiilfe!!!«

»Hey, das klappt schon. Wir sind fast so weit«, beruhigte Gina mich. »Wir werden bestimmt rechtzeitig fertig.«

Ich guckte hoch. »Womit?«

»Äh… mit deiner Schülerzeitung?«

»Ach, das ist es gar nicht. Es ist…« Ich warf Lucy einen nervösen Blick zu. Steve war ihr Bruder. Was würde sie von mir denken, wenn sie wusste, dass ich mir vorstellte, von ihm geküsst zu werden? Sie kannte ja die ganze Misere mit Scott und würde mich für eine total oberflächliche Tussi halten, die ständig ihre Meinung änderte.

»Worum geht es dann?«, fragte Lucy.

»Um nichts«, sagte ich.

»Ja, genauso siehst du auch aus«, sagte Gina. »Na los. Erzähl es uns.«

Ich seufzte. Die beiden guckten mich erwartungsvoll an. Ich seufzte noch einmal.

Gina und Lucy begannen auch zu seufzen. Sie seufzten immer lauter und übertriebener, bis ich irgendwann lachen musste.

»Okay, und jetzt leg dich auf die Couch«, befahl Lucy mir.

Ich gehorchte. Lucy zog sich einen Stuhl heran und setzte sich ans Kopfende.

»Also gut, Miss Watts«, sagte sie mit so tiefer Stimme, als wäre sie der alte Sigmund Freud höchstpersönlich. »Wo drückt der Schuh?«

Ich brachte es nicht heraus. Schweigen. Riesenschweigen. Es wuchs und füllte den ganzen Raum aus.

»Aha, ich sehe schon. Es geht um einen Jungen«, sagte Lucy.

»Aber um welchen Jungen?«, fragte Gina. »Das mit Scott ist doch inzwischen gegessen, oder?«

Ich nickte kläglich. »Es geht um einen anderen Jungen, und mir ist erst gerade eben klar geworden, dass ich ihn total nett finde. Viel netter als Scott. Und jetzt kann ich nicht mehr mit ihm reden und stottere nur noch blödes Zeug. Und ich glaub, ich hab es sowieso vermasselt. Es ist zu spät.«

»Ach so, du redest von Steve!«, rief Lucy.

»Woher weißt du das?«

»Das war doch von Anfang an klar«, behauptete sie.

»Klar? Wem? Ich hab es doch selbst erst gerade gemerkt. Und ich hab keine Ahnung, wie es ihm geht. Ob er mich auch nett findet.«

»Äh... hallo?« Lucy sah mich streng an. »Auf welchem Planeten lebst du eigentlich?«

»Auf Zorg, das hab ich euch doch schon mal erklärt.« Ich erzählte den beiden noch einmal von Noola und wie sie immer von meinen Stimmbändern Besitz ergreift.

»Zu deiner Information: Seit du das erste Mal bei uns warst, fragt Steve ständig nach dir«, erzählte Lucy. »Und als er gemerkt hat, dass du auf Scott stehst, hat ihn das ziemlich fertig gemacht. Ist dir nicht aufgefallen, wie still er auf einmal war, als wir deinen Scott in Hampstead getroffen haben?«

»Doch, schon. Aber ich hab gedacht, ich hätte irgendwas falsch gemacht.«

»Hattest du ja auch!« Lucy lachte. »Du warst in Scott verknallt.«

Izzie kam die Treppe runtergehopst und ließ sich aufs Sofa fallen.

»Worum geht's?«, fragte sie.

»Um Charlie«, sagte Lucy. »Sie verwandelt sich immer in Noola vom Planeten Zorg, wenn sie in einen Jungen verliebt ist. Noola kennt nur drei Wörter. Sag sie ihr, Charlie.«

Ujhu, Junahee und Nihingannnnn.

Lucy begann zu kichern, stand auf und ging steif wie R2D2 aus »Krieg der Sterne« im Zimmer auf und ab.

»*Ujhu*«, quäkte sie mit hoher Roboterstimme. »*Junahee. Nihingannnnn.*«

Wir kriegten uns vor Lachen überhaupt nicht mehr ein und

machten so ein Geschrei, dass Steve irgendwann runterkam, um nachzuschauen, was los war. Natürlich lief ich sofort knallrot an.

»Was ist denn hier los?«, fragte Steve.

»*Nihi*... nichts ist los«, kicherte Gina.

»Lucy hat nur gerade was Komisches gesagt«, erklärte Izzie.

Steve verdrehte die Augen und sah mich dann an. »Kommst du mit hoch? Wir müssen noch den Leitartikel fertig machen.«

»*Uh*... *ujhuhu*«, stammelte ich, und Lucy explodierte vor Lachen.

Steve seufzte, woraufhin Lucy und Gina natürlich auch sofort wieder anfingen, theatralisch zu seufzen.

Steve schüttelte den Kopf. »Wenn du hier fertig bist, kannst du ja wieder hochkommen, Charlie«, sagte er und ging aus dem Zimmer.

»Habt ihr's gesehen? Versteht ihr mich jetzt?«, rief ich verzweifelt. »Ich mach alles kaputt. Und dabei haben wir uns vorher so gut verstanden, aber jetzt benehme ich mich wie eine Bekloppte. Steve muss mich für Idiota aus Idiotencity halten. Spacka aus Spackentown. Tusserina aus Tussenville...«

»Okay, mach mal die Tür zu, Lucy«, ordnete Izzie an. »Wir haben zu arbeiten.«

Die nächsten zwanzig Minuten trainierten wir unter Izzies Anleitung »Visualisieren«. Sie steht total auf so Selbsthilfebücher und hatte gerade eines über positives Denken gelesen.

»Das passiert alles in deinem Kopf«, erklärte sie mir. »Aber du hast die Macht, diese Noola ein für alle Mal zum Schweigen zu bringen. Dazu musst du dir bildlich vorstellen, wie du solche Situationen total selbstbewusst meisterst. Das klappt echt. Ich hab mich so auf die Auftritte mit der Band vorbereitet.«

»Entweder man ist selbstbewusst oder man ist es eben nicht«, wandte ich ein. »Gina ist zum Beispiel von Natur aus nie unsicher. Selbstbewusstsein kann man nicht lernen.«

»Aber klar kann man das lernen«, widersprach Gina. »Wir haben doch alle unsere kleinen Tricks. Wenn ich vor irgendwas Angst hab, tu ich zum Beispiel so, als würde ich bloß eine Rolle in einem Film spielen. Ich mach einfach das, was die Schauspieler auch tun würden. Das funktioniert echt, glaub mir.«

»Ich hab mich ja erst nicht getraut, vor Publikum zu singen«, erzählte Izzie. »Ich war so aufgeregt, dass ich nachts nicht mehr schlafen konnte, weil ich solche Angst davor hatte, ausgelacht zu werden. Aber diese Technik mit dem Visualisieren hat super geholfen.«

»Du glaubst also, ich kann lernen, ganz normale Sätze zu sagen, wenn ich vor einem Jungen stehe, den ich gut finde?«

Izzie lachte. »Auf jeden Fall, ja. Die Frau, die das Buch geschrieben hat, sagt, wir verhalten uns so, wie wir es von uns selbst gewohnt sind. ›Selbstvertrauen ist keine Eigenschaft, sondern eine *Gewohnheit*‹ – das ist ihr Motto. Man muss es sich nur antrainieren.«

»Cool«, sagte Lucy. »Das klingt doch sehr überzeugend. Also, Izzie, sag uns, was wir tun sollen.«

Zuerst mussten wir uns alle auf den Boden setzen, die Augen schließen und uns eine Situation vorstellen, die uns Angst machte. Wir sollten uns den Raum um uns herum ganz genau vorstellen, in allen Einzelheiten. Ich stellte mir vor, oben in Steves Zimmer ganz dicht neben ihm am Schreibtisch zu sitzen.

»Okay«, sagte Izzie nach einer Weile. »Jetzt stellt euch vor, ihr seid sehr entspannt und gelassen. Ihr habt alles unter Kontrolle. Stellt euch vor, wie derjenige, der euch gegenübersitzt, auf euch reagiert. Vor eurem inneren Auge könnt ihr sehen, wie er über eure Witze lacht, wie er euch interessiert zuhört. Ihr spürt, dass er euch total nett findet.«

Wir mussten uns die Situation mehrmals hintereinander bis ins letzte Detail vorstellen, und zuletzt sah ich in meinem Kopfkino, wie mich Steve mit unverhohlener Faszination ansah, begeistert über meine geistreichen Bemerkungen lachte und mich für meine genialen Gedankengänge bewunderte.

»Okay, Augen auf!«

Wir sahen uns an.

»Wie fühlst du dich, Charlie?«

Ich sprang auf und stürzte zur Tür. »Bestens. Noola ist erledigt.« Ich stützte beide Hände in die Hüften: »Bis gleich. Ich komme wieder. Hasta la vista, Babys.«

Gina lachte. »Na los, schnapp ihn dir.«

Ich ging wieder nach oben. Als ich vor der Tür zu Steves Zimmer stand, begann mein Herz zwar sofort wieder schneller zu klopfen, aber ich schloss die Augen und stellte mir vor, wie er mich gleich hocherfreut anlächeln würde.

Ich betrat das Zimmer, setzte mich neben ihn an den Computer, visualisierte noch mal schnell meine Traumsequenz durch, sah ihn an und strahlte.

Er runzelte die Stirn. »Was ist denn jetzt schon wieder so lustig?«

»Nichts.« Ich lächelte und sagte mir innerlich vor: *Ich bin selbstsicher. Ich bin total toll, atemberaubend und einfach schwindelerregend fabulös.*

Aber Steve guckte mich an, als würde er an meinem Verstand zweifeln.

»Du bist echt komisch, weißt du das?«

In diesem Moment klingelte mein Handy.

»'tschuldigung«, sagte ich zu Steve. »Hallo?«

»Hey, Charlie. Ich bin's, Scott. Was machst du denn gerade so?«

»Schülerzeitung. Schon vergessen? Hab ich dir erzählt. Montag ist Abgabetermin.«

»Dann hast du ja noch massig Zeit. Kommst du mit mir nach Highgate?«

»Sorry, Scott«, sagte ich. »Ich hab zu tun. Man sieht sich.« Ich drückte ihn weg.

»War das der Typ?«, fragte Steve.

»Das war der Typ.«

»Und...?«

»Und... jetzt ist er Geschichte«, sagte ich.

Steve strahlte von einem Ohr zum anderen.

»Was hast du denn?«, fragte ich.

»Nichts.« Er lächelte glücklich in sich hinein.

»Du bist echt komisch«, sagte ich. »Weißt du das?«

»Ja?« Er nickte. »Dann sind wir ja schon zu zweit.«

4U

Spezialausgabe Sommer

Inhalt:

Brief von mir an euch: Von Charlie Watts	S.1
Schulkalender — Termine	S.1
Schick an den Strand? Lucy Lovering verrät wie!	S.2
Pyjamaparty-Profis packen aus	S.2
Dr. Watts (Mum): Nie mehr Prüfungsangst	S.3
Dr. Watts (Dad): So überlebst du deinen Urlaub	S.3
Vorher-Nachher-Story: Von der Watschelente zur Gazelle! Von unserer Stilberaterin Gina Williams	S.4
Unvergessliche Urlaubsfotos — kleiner Fotoworkshop mit Steve Lovering	S.5
Ein Hundeleben: Mit Charlie Watts im Tierheim von Battersea	S.6
1 x 1 des Flirtens — von Gina Williams	S.7
»Ein Blick in die Sterne« mit Mystik Iz	S.7
Sehr merkwürdige Bücher von noch merkwürdigeren Autoren	S.8
Füllt die Blase! Preisausschreiben mit Zeichnungen von Tony Williams	S.8

14. Kapitel

Sabotage!

Als die endgültige Fassung unserer gemeinsamen Arbeit aus Steves Drucker gerattert kam, waren wir alle unheimlich stolz. Es waren insgesamt acht randvoll gefüllte, bunte Seiten geworden, die so richtig Lust aufs Lesen machten. Steve und ich hatten im Internet alle möglichen Bilder und Fotos zusammengesucht, um das Layout aufzulockern. Den Artikel aus dem Tierheim umrahmten zum Beispiel verschiedene Hundebildchen, die Horoskopseite war mit Sternen und Planeten verziert und Izzies Text über Aromatherapie hatten wir mit Fotos von Kräutern und Blüten illustriert. Die wahnwitzigen Vorher-Nachher-Fotos im Mittelteil waren natürlich der Knaller.

Die »4U« sah gut aus. Sogar sehr gut. Ich rechnete mir echte Chancen aus, dass sie auch gut ankommen würde.

Am Montagmorgen machte unsere Direktorin Mrs Allen eine Durchsage und forderte alle Teilnehmerinnen am Schülerzeitungs-Wettbewerb auf, ihre Beiträge bei ihren jeweiligen Klassenlehrern abzuliefern.

»Wir wissen, dass sich viele von euch sehr viel Mühe gegeben haben«, sagte sie. »Deshalb wollen wir euch auch nicht lange auf die Folter spannen und hoffen, dass wir euch schon Ende der Woche sagen können, wie sich die Jury entschieden hat.«

Kaum war die Durchsage vorbei, brach ziemliches Chaos in der Klasse aus, und Miss Watkins wurde von einer Traube von Mädchen umringt. Ich legte die Klarsichthülle mit meiner Schülerzeitung zu den anderen auf ihren Tisch.

»Ich bin echt froh, dass noch alles rechtzeitig fertig geworden ist. Das war ein ganz schöner Stress, was?«, sagte ich zu Wendy Roberts, die hinter mir stand.

»Och nö, kann ich nicht behaupten«, näselte sie. »Ich hab bei dem blöden Wettbewerb gar nicht mitgemacht. Im Gegensatz zu gewissen anderen Leuten hab ich nämlich was Besseres zu tun.«

»Ach so? Ich hab gedacht, du wolltest auch mitmachen.«

»Tja, falsch gedacht. Schülerzeitung ist doch was für Loser. Da fällt mir ein – vorhin hab ich Mrs Allen im Gang getroffen, und ich soll dir ausrichten, dass sie ganz dringend mal mit dir sprechen muss. Du sollst sofort zu ihr ins Büro kommen.«

»Was, echt?« Ich lief schnell los. Was wollte sie bloß von mir? Hoffentlich war nichts passiert.

»Ich soll zu Mrs Allen kommen«, meldete ich der Sekretärin, die aufblickte, nachdem ich an die Tür geklopft hatte.

»Das kann ich mir nicht vorstellen«, sagte sie trocken. »Mrs Allen hat gerade eine Besprechung mit Mr Parker und will nicht gestört werden. Da hast du wohl irgendwas missverstanden.«

Garantiert nicht. Wendy Roberts hatte nur einen bescheuerten Humor.

Als ich wieder in die Klasse stürzte, saß Miss Watkins an ihrem Pult und blätterte die Wettbewerbsbeiträge durch. »Du kommst zu spät, Charlie«, stellte sie fest.

»Äh... ja. Tut mir sehr Leid.« Ich setzte mich schnell an meinen Platz.

Zum Glück sagte die Watkins nichts mehr, weil in diesem Moment Wendy Roberts zur Tür hereinkam.

»Und was hast du für eine Entschuldigung, Wendy?«

»Ich musste mal ganz dringend auf Toilette, Miss«, keuchte sie und ließ sich atemlos auf ihren Stuhl fallen.

Miss Watkins zog die Augenbrauen hoch und wandte sich dann an die Klasse. »Toll, dass so viele mitgemacht haben. Allein aus eurer Klasse habe ich sechs Beiträge bekommen.« Sie sah mich an. »Sag mal, Charlie, wolltest du nicht auch mitmachen?«

»Hab ich doch!« Ich sah sie erstaunt an. »Ich hab meine Schülerzeitung in einer Klarsichthülle zu den anderen gelegt.«

»Hm, hier ist jedenfalls nichts von dir dabei.«

Ich guckte sofort zu Wendy Roberts rüber, aber die sah betont harmlos aus dem Fenster.

»Hast du sie sicher auf den Tisch gelegt, Charlie?«, fragte Miss Watkins. »Schau doch noch mal in deiner Tasche nach.«

Ich durchwühlte meine Tasche, obwohl ich mir hundertprozentig sicher war. »Da ist nichts.«

»Aber wo kann sie denn geblieben sein?«

Ich war sprachlos. Wie hätte ich denn beweisen sollen, dass Wendy die Schülerzeitung geklaut hatte? »Vielleicht ist sie irgendwie auf den Boden gefallen?«

Miss Watkins beugte sich hinunter und suchte den Boden ab, dann wandte sie sich wieder an die Klasse.

»Hat irgendjemand Charlies Zeitung weggenommen?«
Stille.

»Jetzt hört mir mal gut zu, Mädchen. Wenn Charlie sagt, sie hätte ihre Schülerzeitung auf meinen Tisch gelegt, und sie ist nicht da, dann gibt es dafür nur zwei Erklärungen. Entweder Charlie lügt oder jemand hat die Mappe weggenommen. Kann mich bitte jemand aufklären?«

Auch diesmal sagte niemand etwas.

»Aber sie *hat* eine Schülerzeitung gemacht«, rief Lucy. »Ich hab sie selbst gesehen. Wirklich!«

Miss Watkins sah stinksauer aus. »Das ist eine richtig schlimme Geschichte. Ich muss euch ehrlich sagen, dass ihr mich mit diesem Verhalten schwer enttäuscht. Das Schuljahr ist bald zu Ende und nächstes Jahr kommt ihr in die zehnte Klasse – ihr seid keine Kinder mehr. Ich habe auch keine Lust, eure Kindergärtnerin zu spielen, und deshalb erwarte ich von euch, dass ihr das Problem wie erwachsene Menschen unter euch regelt. Um halb eins ist der endgültige Abgabetermin, und falls Charlies Beitrag bis dahin nicht wieder aufgetaucht ist, kann ich euch leider auch nicht weiterhelfen.«

»Diese fiese Dreckskuh«, schimpfte Lucy, als wir später in die Pause gingen. »Ich bin mir total sicher, dass Wendy Roberts was damit zu tun hat.«

»Hat eine von euch irgendwas mitgekriegt?«, fragte ich.

Gina schüttelte den Kopf. »Nein, aber wahrscheinlich hat sie deine Seiten verschwinden lassen, als du zu Mrs Allen gegangen bist.«

»Aber da standen doch total viele Mädchen um den Tisch rum«, wandte Izzie ein. »Von denen könnte es jede gewesen sein. Die sind doch alle total im Konkurrenzfieber.«

»Aber Wendy war auch kurz draußen«, erinnert sich Izzie plötzlich. »Sie ist erst nach Charlie wieder reingekommen.«

»Alles klar!«, rief Gina. »Mir nach!«

Wir rannten alle zur Toilette. Lucy guckte in den Kabinen nach, Gina durchsuchte den Mülleimer.

»Boah, ist das widerlich!« Sie wühlte sich fluchend durch Taschentücher und feuchte, zerknüllte Papierhandtücher.

»Oh, neeein!«, ertönte plötzlich Lucys Stimme aus der dritten Kabine.

Mit einem tropfenden Klumpen total durchnässter Seiten kam sie heraus. »Tut mir Leid, Charlie. Das lag im Eimer neben dem Klo.«

Izzie nahm ihr den kläglichen Rest meiner Schülerzeitung ab. »Anscheinend hat Wendy sie vorher noch schön unter den Wasserhahn gehalten.«

»Aber warum?« Ich war fassungslos. »Warum hasst sie mich denn so?«

»Die braucht keinen Grund.« Gina seufzte. »Manche Leute sind einfach total gestört. Sie ertragen es nicht, wenn jemand anders Erfolg hat.«

»Wahrscheinlich ist sie nie über die Sache mit Sam Denham hinweggekommen«, sagte Izzie. »Du weißt schon, dass er ihre Idee so abgetan hat und dich dafür total gelobt hat.«

»Und jetzt?« Ich fühlte mich so schwach, dass ich mich am Waschbecken festhalten musste. »So kann ich die Schülerzeitung ja wohl kaum abgeben.«

»Wir könnten zur Allen gehen und ihr alles erzählen«, schlug Gina vor.

Ich hätte am liebsten geheult. »Das könnten wir, aber was würde uns das bringen? Wendy würde mich nur noch mehr hassen. Und die Seiten sind nicht mehr zu lesen. Die ganze Arbeit – alles umsonst.« Ich war den Tränen nahe. »Und ihr habt mir alle so geholfen.«

Lucy zückte ihr Handy. »Wie viel Uhr ist es?«

Ich guckte auf die Uhr. »Elf.«

Sie tippte hektisch eine Nummer ein.

»Wen rufst du an?«

»Steve«, antwortete sie. »Der hat wegen der ganzen Prüfungen zurzeit kaum noch normalen Unterricht. Vielleicht sitzt er gerade zu Hause und lernt.«

»Genau, das ist die Idee!«, jubelte Izzie. »Steve hat die ganze Schülerzeitung im PC und kann sie noch mal ausdrucken.«

»Falls er da ist«, sagte Gina düster.

Lucy horchte ins Handy und verzog dann das Gesicht. »Bloß der AB«, verkündete sie. »Wahrscheinlich ist er doch unterwegs.«

»Hinterlass ihm trotzdem eine Nachricht«, riet Izzie ihr. »Das ist unsere einzige Chance.«

In der nächsten Stunde konnte ich mich kaum konzentrieren. Gina, Izzie und Lucy schien es ähnlich zu gehen.

»Wenn du noch einmal auf die Uhr schaust, Charlie Watts«, warnte Mr Dixon mich, »dann nehme ich sie dir eigenhändig ab. Und Lucy Lovering, wenn das, was du da draußen vor dem Fenster siehst, wirklich so faszinierend ist, schlage ich vor, dass du den Rest der Stunde am Fenster verbringst: und zwar stehend.«

Ich sah zu Wendy Roberts rüber. Sie blickte kurz vom Buch auf und grinste zufrieden.

Wart's ab, du alte Hexe, dachte ich entschlossen. Noch hast du nicht gewonnen.

In der Mittagspause rannten wir nach unten zum Schultor. Niemand da.

Lucy holte noch mal ihr Handy raus, wählte und schüttelte den Kopf. Immer noch der AB.

Ich sah auf die Uhr. Zehn nach zwölf.

Viertel nach zwölf.

Zwanzig nach zwölf.

»Hast du ihm draufgesprochen, dass um halb eins der letzte Abgabetermin ist?«, fragte Gina und schaute völlig aufgelöst rechts und links die Straße hinunter.

Lucy nickte. »Ja, hab ich. Ich versuch's noch mal bei uns zu Hause.«

Sie wollte gerade die Nummer eintippen, als Izzie mich am Arm packte.

»Da! Da ist er!« Steve kam auf dem Rad um die Ecke gebogen, hielt mit quietschenden Bremsen vor uns und zog einen Umschlag aus seinem Rucksack.

Er hielt ihn mir hin. »Viel Glück!«

»Danke!« Ich drehte mich um und rannte los.

Diesmal ging ich direkt ins Lehrerzimmer, um Miss Watkins den Umschlag höchstpersönlich in die Hand zu drücken.

15. Kapitel

Ende gut, alles besser

Am Freitag war die ganze Schule in der Aula versammelt. Alle rutschten unruhig auf ihren Stühlen herum. »Wir haben uns die Entscheidung reiflich überlegt...«, begann Mrs Allen.

Ich hielt vor lauter Aufregung die Luft an. Gina reckte den Daumen in die Höhe und grinste mich siegessicher an.

»Bevor ich etwas Endgültiges sage, muss ich betonen, dass das Niveau der eingereichten Beiträge außerordentlich hoch war«, fuhr Mrs Allen fort. »Ich bin sehr stolz auf euch und möchte, dass ihr wisst, dass es in diesem Wettbewerb keine Verliererinnen gibt. Und noch einmal – wir haben uns die Entscheidung nicht leicht gemacht...«

Izzie sah mich an und verdrehte vor Ungeduld die Augen, bis man nur noch das Weiße sah.

»Zuletzt haben wir die Auswahl auf zwei Teilnehmerinnen eingeengt und beschlossen, zwei Chefredakteurinnen zu ernennen. Und zwar: Emma Ford aus der Zehnten und Charlie Watts aus der Neunten.«

Gina, Izzie und Lucy kreischten vor Begeisterung los, aber am meisten freute ich mich über Wendy Roberts' Reaktion. Ihr klappte nämlich buchstäblich die Kinnlade herunter. Ich strahlte sie an, als ich zusammen mit Emma Ford zur Bühne ging, wo Mrs Allen uns die Hand schüttelte.

Nach der Schule gingen wir zu den Loverings, um bei Eis und Kuchen unseren Sieg zu feiern. Wir saßen alle glücklich mampfend am Tisch, als sich Steve plötzlich zu mir rüberbeugte und leise fragte, ob ich kurz mal mit rauf in sein Zimmer käme.

Oben sagte er schüchtern: »Ich hab nämlich was für dich.« Er ging zu seinem Nachttisch, zog die Schublade auf, nahm ein kleines, in Silberpapier gewickeltes Päckchen heraus, das mit einer Goldschleife zugebunden war, und gab es mir zusammen mit einer Karte. »Hier.«

Zuerst guckte ich mir die Karte an. Unter einem Schwarzweißfoto, das einen Mann zeigte, der eine Straße entlangging, stand: »Das Leben schrumpft und erweitert sich proportional zum eigenen Mut.« Und innen hatte Steve dazugeschrieben: »Alles Gute und viel Erfolg für die ›4U‹!«

Ich sah ihn gerührt an. »Mensch, danke! Das ist echt …«

Steve lächelte. »Mach mal das Päckchen auf.«

Ich wickelte einen superschönen, türkis-silbern glitzernden Kuli aus, der irgendwie ein bisschen indisch aussah.

»Uhj … ju … nihng …« Kurzzeitig verfiel ich wieder ins Zorganesische.

»Bitte sehr, gern geschehen«, sagte Steve, der mich problemlos zu verstehen schien. »Damit kannst du deine Romane schreiben.«

Einen Moment lang sagte keiner von uns etwas. Wir sahen uns nur an. Ein superschönes Gefühl. Als würde die Zeit still stehen und wir würden irgendwie miteinander verschmelzen.

Steve lächelte. »Und jetzt?«

»Und jetzt?«, fragte ich zurück. »Was meinst du mit *und jetzt?*«

»An dem Tag, als wir im Wald spazieren waren, hast du doch gefragt, wie Leute zusammenkommen, weißt du noch? Du hast gesagt, dir müsste man es schon sehr deutlich zeigen – mit Geschenken, Postkarten, einer Plakatwand auf dem Picadilly Circus...«

Ich guckte auf meine Karte und mein Geschenk und lächelte. »Aber auf die Plakatwand verzichte ich dann doch lieber. Das wäre mir so peinlich, ich würde...«

Steve lachte. Er strich mir eine Haarsträhne aus dem Gesicht, sah mir tief in die Augen und sagte: »Als Nächstes könnten wir vielleicht zusammen ins Kino gehen.«

»Liebend gern.« Ich lächelte. »Hauptsache, es ist kein Film über Mutanten im Cyberspace und du stopfst dich nicht die ganze Zeit mit Popcorn voll.«

»Geht klar. Popcorn mag ich eh nicht so gern.«

Wir grinsten uns eine Weile dümmlich an, und dann fiel mir ein, was er mir damals im Wald anvertraut hatte. Dass er manchmal Angst hatte, es einem Mädchen zu zeigen, wenn er es gut fand.

Okay, dachte ich, dann bin ich jetzt mal mutig und erweitere mein Leben. Ich beugte mich vor und küsste ihn entschlossen auf den Mund.

Email. Posteingang (1)
Von: paulwatts@worldnet.com
An: babemithirn@psnet.co.uk
Datum: 5. Juli
Betreff: Ferienparadies

Liebe Charlie,

Habe heute den neuen Pass bekommen und gleich meinen Heimflug gebucht.
Bis bald!
Paul

Email: Postausgang (1)
Von: babemithirn@psnet.co.uk
An: hannabannanna@fastmail.com
Datum: 5. Juli
Betreff: Wahre Freunde

Hey Hannabannanna,

entschuldige die lange Funkstille. Hier ist so viel passiert, weiß gar nicht, wo ich anfangen soll: Paul kommt wieder nach Hause. Scott ist total out, ich hab ein richtiges, echtes Date mit Steve und hab endlich kapiert, dass cooles Aussehen bei Jungs nicht auf eine coole Persönlichkeit schließen lässt. Nein, perfekte Jungs müssen gut aussehen UND wahre Freunde sein. Tja, hat ein bisschen gedauert :-(Aber besser spät als nie :-)
Bin sehr, sehr glücklich. Du hoffentlich auch.
Übrigens hab ich den Schülerzeitungswettbewerb zusammen mit Emma Ford aus der Zehnten gewonnen! Ich bin jetzt Co-Chefredakteurin. Hurraaa!!

Charlie – *schmatzschmatzschmatzschmatzschmatz*

Email: Posteingang (1)
Von: hannabannanna@fastmail.com
An: babemithirn@psnet.co.uk
Datum: 5. Juli
Betreff: supieeeeee!

Auch sel solly, dass ich mich so range nicht gemerdet hab. Gratuliere zum Job als Chefredakteurin. Ich wusste doch von Anfang an, dass du die Richtige dafür bist. Und natürlich Gratulation zu deinem Steve. Ich hab sogar aus zillionentrillionen Kilometer Entfernung gespürt, dass dein kleines Herzchen entflammt war. Tausend Grüße an ihn. Er klingt total nett. Ein wahrer Freund. Das sind die Besten, genau!
Hier geht es auch drunter und drüber. Habe Luke inzwischen gegen Ryan eingetauscht. So viele Jungs, so wenig Zeit usw. Habe hier den bestmöglichen Spaß, bin ständig auf gaaaaanz vielen Partys und »Barbies«, trotzdem vermisse ich dich und deine verquere Lebensphilosophie unendlich.
Schick mir mal Fotos von deinem neuen, verbesserten Look. Und von deinem neuen Boyfriend. Und die neue Schülerzeitung.
Hurra! Endlich hat Charlie erkannt, dass sie ein Babe mit Hirn ist. Sei weiter so fleißig und erleb gute Sachen und wir sprekeken balalad.
Liebe Grüße und auch sehr viele schmatzerinis sendet:
Deine beste Freundin für immerdar und alle Zeiten und bis in alle Ewigkeit und permanent und fortdauernd… (ahhhh! Schnauze – Hanna!!!!!!)